历史的天空

中国历代隐士

历史的天空

中国历代隐士

王 晶 编著

 吉林出版集团有限责任公司 | 全国百佳图书出版单位

◆ 前　言 ◆

　　每当谈到隐士,人们必然会想到,那郁郁的丛林、山顶的木屋、与世隔绝的世外桃源。因为只有这些景致和环境才会让他们隐居在此。

　　历史上的隐士们在归隐前,都必定有着令人好奇的故事发生。

　　隐士,顾名思义:隐者,藏也:士者,知识人也。可是,知识人为什么要藏起来呢? 隐士的传统,为我们呈现了历史的镜框中封存的一幅幅隐士的精神画像。这种精神的实质就是:人本质上是充满欲望的,且欲望难填;当人试图摆脱这种与生俱来的欲望时,就必然要面对孤独。

　　隐士就是一种承受孤独的方式:在孤独中寻找内心的宁静,寻找真我,寻找原初。

　　他们的隐士生活似乎并非总如他们期望的那般安静,他们中有人在经历了一段隐士生活后又重回尘世,有人则时而隐修,时而回到尘世,也有人因隐修生活总被来访的客人打扰而不得不一再更换地点。

　　隐士们的生活既令人神往、又让人难以想象。无论何种隐士,他们迥然不同的生活方式赋予了他们深刻的洞察力。他们留下的遗产,无论是智慧的言辞、无声的沉默、斐然的修为,在经过岁月的百般的锤炼后,终成了时间里的金,深夜里的光。

　　本书通过介绍历史上著名的隐士归隐前后生活、环境的描述。让我们对这些与世隔绝的高人更加深入了解,他们留下的著作,生活经历,使我们从中受益匪浅。

　　阅读本书内容,可以提高中小学生对历史人物的了解,同时增长历史知识。

◆ 目 录 ◆

◆ 目 录 ◆

历史的天空

中国历代隐士

◆ 目　录 ◆

◆ 目 录 ◆

历史的天空

中国历代隐士

隐士鼻祖——许由

许由，尧舜时代的贤人。帝尧在位的时候，他率领许姓部落活动在今天颖水流域的登封、许昌、禹州、汝州、长葛、鄢陵一带，这一带后来便成了许国的封地，他从而也成为许姓的始祖。

许由出逃

在传说时代，也就是黄帝王朝尧帝掌管天下的时候，许由先生的隐士当得很辛苦。他出很想像普通人一样安安静静地过完自己的一生，但是他只能不停地在逃，因为后面有人追他，追他的人可不是一般的人，追他的人是被纳入圣人系统的我们的好心肠君主尧帝。

许由先生先从首都逃到乡村，尧帝就追到乡村，许由先生又从乡村逃到箕山脚下，尧帝也不辞辛苦地追到

许由像

那里。这时候另外一位隐士巢父先生讽刺了许由先生几句，许由先生如芒刺在背，一狠心就逃到中国南方的蛮荒之地九嶷山去了。这一回，尧帝终于死了心，再也没有追去。

许由的童年生活大概和一般人的童年生活差不多，穿开裆裤，下河摸虾，上树掏鸟蛋，在外面玩耍的时候常常忘记回家。谁想到了青年时期，许由先生已经当上了部落酋长。

这一天，当老百姓还在睡梦中的时候，黄河又发脾气了，半夜起来方便的许由看见水已经漫进了自家的屋子已经成了一个池塘，大惊之下立刻跑出门外，挨家挨户地敲门，告诉大家发洪水了，赶快起来逃命。洪水来势汹汹，等许由先生跑到原部落酋长家里的时候，洪水已经漫到了他的胸口。酋长家的门已经

许由像

被洪水冲开，酋长的女儿站在床板上抱着一根柱子，而老酋长已经不知去向，老酋长的女儿以为自己的老爹被洪水冲走了，一边痛哭，一边叫着老爹。

老酋长的女儿被许由先生救到了安全地带，洪水终于退去，更加幸运的是，老酋长没有死，原来他知道洪水来临的时候不顾

自己女儿的性命,跑去救他的子民了。洪水退后,父女俩相见,激动万分。这时候,女儿想起了一个人,于是就把许由先生如何救她的事情告诉了老爹。而此时不止女儿一个人,老酋长听到很多人都在盛赞许由先生的美名,也就从这一刻起,老酋长做出了两个决定:第一个决定是把酋长的位置让给许由;第二个决定就是把女儿嫁给许由。

这可急坏了许由,自己只不过是在洪水来临之际充当了一回跑腿的差使,却惹上这两个巨大的包袱。正在为难之际,尧帝听说了许由的义举之后,亲自慰问下属来了。

老酋长趁机把自己的两个决定跟尧帝说了,尧帝很爽快地答应了,对许由的义举大加赞赏,对老酋长的禅让也大加赞赏。这下可好,许由不答应也得答应了。尧帝老爷的旨意谁敢违抗?就这样许由很不情愿地做了老百姓的父母官,做了一酋之长。

做了酋长的许由,开始忙碌起来,由于本来就是一个普通老百姓,因此许由做了官之后没有一点架子,很多人都不把他当酋长看,只是在有事情的时候才把他当酋长看。在他的管理下,其实啥也没有管理,老百姓安分守己,不偷不抢,这个酋长当不当都一样。于是他决定辞职,不想徒有虚名。这个酋长职位一直是许由心上的一块石头。

尧帝是一个直爽的人,一天,他开门见山就说:许由啊,我老了不行了,听说你在老百姓心目中的威望很高,是个有德行的人,你就接替我治理天下吧!

许由先生是一个聪明人,他知道以自己的性格,善于做什么,不善于做什么。治理天下这样的事情即使一百个许由加在一起也是干不来的,更何况尧帝的儿子丹朱、尧帝的女婿姚重华都在虎视眈眈呢,他才不去捅这个马蜂窝呢。

但是尧帝并没有善罢甘休,隔三差五地就来慰问许由,一见面,尧帝就说你帮我治理天下吧。如此下去,许由受不了了,他承受了巨大的心理压力,饭也吃不香,觉也睡不好,做梦都梦见尧帝对他说,你帮我治理天下吧。

不得已,许由只好三十六计走为上计,我惹不起还躲不起吗?

就这样,许由逃跑了,似乎有一种力量在呼唤着他,他逃跑的时候没有一点害怕的感觉,而是感到从未有过的快意。必须找一个落脚的地方,当然是离尧帝越远越好,问题是身上带的盘缠不足以支持他逃到天涯海角,左思右想之后,许由把目光停在了前面不远处的一座山峰。

这座山峰后来声名大振,被称为隐者之山,因为自许由先生以后,很多隐士都在这座山上隐居。

许由归隐

帝尧派人找到了他,想请他出任九州长官,他跑到颍水边洗耳,表示不愿意听这种话。许由以自己淡泊名利的崇高节操赢得了后世的尊敬,从而被奉为隐士的鼻祖。战国时代的思想家荀子就曾称赞说:"许由善卷,重义轻利行显明。"

许由品德高尚,才智过人,很受部族崇敬。部落联盟领袖唐尧觉得自己年事已高,四处寻访贤人,发现了许由,决定把天下让给他。许由认为自己德才不如虞舜,担心唐尧的几个儿子不服,引起内乱误了国家大事,让百姓受苦,便连夜私奔箕山隐居。他日出而作,日落而息,过着自耕自食的生活。

一日，他沿山放牧，来到箕山西北部的山脚下，见这里山清水秀，草丰树茂，土质肥沃，有一农夫正在耕地，便高兴地说："此乃牛壮田肥之也。"农夫听

许由墓

了觉得很有道理，便称这里为牛田村，后来不断发展，形成了今天上牛田、下牛田、中牛田三个自然村。

许由洞对面有座陡峭的山头，山上花草茂盛，树木葱茂。站立山头西望箕山逶迤起伏，绵延数百里。近望群峰巍峨峻峭，苍翠欲滴，煞是迷人。

许由早晚常到这里观赏山光岚气，赞扬锦绣河山。因为他经常在这里逛来逛去，人们便称这里为逛山头。历经不断演化，便成了今天的光山头。后来，唐尧听说许由隐居岐山，又派人来请他做九州长官。

来人传达唐尧的旨意后，苦口婆心劝他立即上任。许由认为自己可为良民，而不可任高官，决定不去就任，便到山下河里洗耳朵，表示不愿听，这条河就是现在清澈明丽、水质甘洌的洗耳河。

唐尧名隐——巢父

　　巢父,传说中的高士,因筑巢而居,人称巢父。尧以天下让之,不受,隐居聊城,以放牧了此一生。聊城古有巢陵,为巢父葬处,在今聊城市东昌府区许营村西北二里许。聊城县治曾移此。其墓旁传为当年巢父遗牧处,为聊城古八景之一,曰"巢父遗牧"。

许由巢父

　　许由、巢父是传说中唐尧时代有名的隐士,并且他俩还是很好的朋友。关于他们的故事流传很广,晋人皇甫谧《高士传》中为其二人立传,记述较为详细。巢父,已不知其姓名,隐居在山中,不谋求世俗的利益,年老之后,在树上筑巢并能安然沉睡,所以当时的人都称呼他为"巢父"。

　　许由,字武仲,阳城槐里人,"为人据义履方,邪席不坐,邪膳不食"。尧听说后,决定把帝位禅让给许由,便亲自去拜访他,说明禅让天下的理由。但许由不愿意接受,于是逃遁到中岳嵩山附近的箕山脚下、颍水的北边居住。尧见许由不愿意接受禅让,又派人来请他做九州的行政长官。许由听了这话后，认为玷污了自己的耳朵，就跑到颍水边，赶紧用清水来洗耳朵。恰巧这时，他的朋友巢父牵着一头小牛到这里准备给牛饮水，看到许由洗耳，非常奇怪，便问其缘故。

许由说："尧欲召我为九州长，恶闻其声，是故洗耳。"巢父听了他的话，作出了更为激烈的反应："子若处高岸深谷，人道不通，谁能见子？子故浮游欲闻，求其名誉，污我犊口。"为了不让许由洗耳所用之水沾染牛嘴，巢父就牵着牛到上游去饮水了。许由洗耳、巢父饮牛在古代诗文中多用为隐居不仕的典故。

学者考证

学者考证，巢父是居巢人，是远古时代以居巢为中心、以巢湖流域为基地的有巢氏族部落的酋长。"巢"者，有巢氏族之简称，"父"者，氏族民众对酋长之尊称，大凡被推举或世袭而职为有巢氏族酋长者，皆称"巢父"，这和商周时期的诸侯国巢国之君称"巢伯"是一样含

巢父塑像

义的氏族习惯称谓。也就是说，"巢父"，实为有巢氏部族酋长的通称。

洗耳池所说的这位巢父，跟唐尧、虞舜为同代人而介乎其中。

这位巢父，不仅德才上乘，而且命运极好。其前其后历届"巢父"，都悄然湮没于历史长河，而他幸逢圣王并因拒禅隐居，其典型事迹和崇高风节被历代所诵誉，于是这个原本为有巢氏族酋长的通称——"巢父"，便被典型化、

巢父故事铜镜

个性化了，成为这一任巢父的专用名号而载入史册并流传下来。

这位巢父是始祖有巢氏之后裔、古皇有巢氏之系孙，他继承和开创巢湖流域文明大业，并建立了中国最早的血缘氏族方国——有巢氏族方国，简称为巢国，夏、商时期，因位于中原之

南,被称为"南巢",巢国因收留供养并监督夏桀而与商签订合约,袭封伯爵,国君被尊称"巢伯",并和好邦交,商国不武力威胁巢国,巢国

巢父园

还可以不向商王纳贡,史实告诉我们,有商一代 500 年,江淮之间无战事。

周代商而立,天下归顺,独巢国不习惯,周武王遂多次兴师讨伐,巢国战败,周武王视巢国强大,并在边远地带,就将巢国一分为二,割巢国西部新立庐国,巢国仍旧赐伯爵,称巢伯国,庐国赐子爵,称庐子国,并且年年向周王进贡。

到了春秋中后期,巢国在强大的楚国、吴国军事进攻、政治压迫下,而成为附庸,成为战场,于公元前 518 年,在楚吴争霸战争中,被吴国灭亡。

秦统一中国后,在此设县,称居巢县。巢国、巢州、巢湖之一系列的国名、地名的"巢"字从哪里来? 都是由巢父而来,追溯根源是有巢氏。历代史书和《巢县志》中,都有记载。

隐士双生——伯夷叔齐

　　在中国历史上有这么两个人，他们不是孪生兄弟却胜似孪生兄弟，兄弟俩不仅外貌像是从一个模子里刻出来的，而且思想、言行都很一致，他们在同一张桌子上吃饭，在同一张床上睡觉，总之他们都是对方的影子。史书上记载，凡是哥哥做过的事情，弟弟都有参与，所以为了方便叙事，后来的史学家和作家在写凭吊文章的时候都习惯性地把他们放在一起，当作一个人。这就是商朝末年孤竹国的伯夷和叔齐兄弟

　　相传伯夷、叔齐是商朝末年孤竹国国君的长子和三子。生卒年无考。孤竹国国君在世时，想立叔齐为王位的继承人。他死后叔齐要把王位让给长兄伯夷。伯夷说："你当国君是父亲的遗命，怎么可以随便改动呢？"于是伯夷逃走了。叔齐仍不肯当国君，也逃走了。于是百姓就推孤竹国君的二儿子继承了王位。

归隐山林

　　伯夷、叔齐兄弟之所以让国，是因为他们对商纣王当时的暴政不满，不愿与之合作。他们隐居渤海之滨，等待清平之世的到

来。后来听说周族在西方强盛起来，周文王是位有道德的人，兄弟两人便长途跋涉来到周的都邑丰邑。此时，周文王已死，武王即位。

武王听说有二位贤人到来，派周公姬旦前往迎接。周公与他们立书盟誓，答应给他们兄弟第二等级的俸禄和与此相应的职位。他们二人相视而笑说："奇怪，这不是我们所追求的那种仁道呀。"

如今周见到商朝政局败乱而急于强大，崇尚计谋而行贿赂，依仗兵力而壮大威势，用宰杀牲畜、血涂盟书的办法向鬼神表示忠信，到处宣扬自己的德行来取悦于民众，用征伐杀戮来求利，这是用推行错误的行为来取代商纣的残暴统治。

他们两人对投奔西周感到非常失望。当周武王带着装有其父亲周文王的棺材，挥军伐纣时，伯夷拦住武王的马头进谏说："父亲死了不埋葬，却发动起战争，这叫做孝吗？身为商的臣子却要弑杀君主，这叫做仁吗？"周围的人要杀伯夷、叔齐，被统军大臣姜尚制止了。

周武王灭商后，成了天下的宗主。伯夷、叔齐却以自己归顺西周而感到羞耻。为了表示气节，他们不再吃西周的粮食，隐居在首阳山，以山上的

伯夷叔齐图

野菜为食。周武王派人请他们下山，并答应以天下相让，他们仍拒绝出山仕周。

后来，一位山中妇人对他们说："你们仗义不食周朝的米，可是你们采食的这些野菜也是周朝的呀！"妇人的话提醒了他们，于是他们就连野菜也不吃了。

到了第七天，快要饿死的时候，他们唱了一首歌，歌词大意是："登上那首阳山哪，采集野菜充饥。西周用残暴代替残暴啊，还不知错在自己。神农、舜、禹的时代忽然隐没了，我们的归宿在哪里？哎呀，我们快死去了，商朝的命运已经衰息。"于是他们饿死在首阳山脚下。

伯夷、叔齐兄弟在当时的历史条件下，不为王位相争而相让，是可贵的。因此有关伯夷、叔齐的美德，自古以来就广为人们传颂，对于谦恭揖让的民族传统的形成产生过影响。

饿死之争

有人说："天道是没有偏私的，总是经常帮助好人。"像伯夷、叔齐应该说是好人呢，还是不该说是好人呢？他们如此地积累仁德，保持高洁的品行，却最终饿死。再说，孔子七十名得意的学生里，只有颜渊被推重为好学，然而颜渊总是穷困缠身，连粗劣的食物都吃不饱，终于过早地死去了。天道对好人的报偿又是怎样的呢？盗跖成天杀无辜的人，烤人的心肝当肉吃，凶残放纵，聚集党徒几千人在天下横行，竟然长寿而终。这是遵循的什么道德呢？

孔子说："思想不一致的人，不能相互商量。"也只有各人按着自己的意志行事。所以他又说："假如富贵是可以寻求得到的

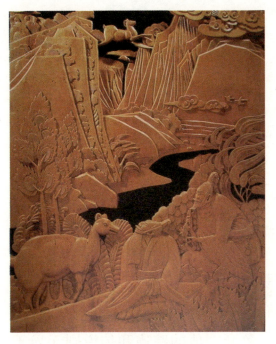

伯夷叔齐浮雕

话，即使作个卑微的赶车人，我也愿去做；假如寻求不到，那还是依照自己的爱好去做。""到了严寒季节，才知道松柏是最后凋谢的。"整个社会混乱污浊的时候，品行高洁的人才会显露出来。这难道不是因为有的人把富贵安乐看得那么重，才显得另一些人把富贵安乐看得那么轻吗？

孔子说："君子所怕的是一直到死而名不被称述。"贾谊说："贪财的人为财而死，重义轻生的人为名而献身，矜夸而贪图权势的人为争权而丧生，平民百姓则贪生而恶死。"

《易经》上说："同样明亮的东西，就会相互映照，同属一类的事物，自然相互感应。""彩云随着龙吟飞腾，谷风随着虎啸而兴起，圣人述作，才使万物本来的面目显露出来。"

伯夷、叔齐虽然有贤德，只有得到孔子的称赞，名声才愈加显赫。颜渊专心好学，也只是因为追随孔子，他的德行才更加显著。岩居穴处的隐士，或名声晓达，或湮没无闻，有时也是这样的，像这样的人如果名声埋没得不到称扬，多么可惜啊！穷乡僻壤的士人要砥砺德行，树立名声，如果不依德隆望尊的人，怎么能扬名后世呢？

传奇隐士——鬼谷子

鬼谷子,中国历史上战国时代的显赫人物,是"诸子百家"之一,纵横家的鼻祖,也是位卓有成就的教育家。

鬼谷子的身世充满了传奇色彩,他的踪迹和传说则无异于神话。在真实的历史上,鬼谷先生只知其母不知其父,天生是个苦命人。他依靠虎奶的滋养长大,有幸得遇世外高人将学识倾囊相授。学有所成后,鬼谷先生游说诸侯,献上治平之策,但却四处碰壁,无人识珠。最后心灰意冷,决定置身世外,隐居云梦山中,开坛授徒。没有人知道鬼谷先生的学识有多渊博,只知道他的徒弟个个都是风云激荡的人物,鬼谷先生的扬名后世,乃是徒弟的出类拔萃所争得。

鬼谷先生所生活的年代社会动荡不安,扰攘不断。周王室进一步衰微,乃至失去了最后一点稀薄的权威,与诸侯国无异。七雄渐次强大,轮流坐庄,随着力量消长,竟演变为合纵连横的局面,纵横家以巧舌如簧的言辞,也能位极人臣。而鬼谷先生正是纵横家的祖师爷,叱咤风云的苏秦和张仪两位先生即出于他的门下。鬼谷先生的兵法谋略也十分了得,高徒孙膑至今仍为兵家所膜拜。让人惊奇的是,鬼谷先生的身份只是一个隐士。

身世之谜

关于鬼谷子的履历，史书上记载寥寥。人们了解鬼谷子，往往是通过他的几个非常出色的学生所叙，但也是语焉不详，遂使鬼谷子成了谜一样的人物。后世有各式各样描述鬼谷子的记载，但大都不足以取信，有的甚至荒诞无稽，把鬼谷子说成是一个神仙，通天彻地无所不能。

其实，鬼谷子只是一个有血有肉的凡人，有欢乐也有烦恼，只不过他有着离奇的身世和不同寻常的经历，再加上史书上少有记载，才常被后人加以神化。尤其是他的几位弟子，叱咤风云，都是当时冠绝一时的佼佼者，给历史带来了巨大的影响，因此后世之人想当然以为他们的老师也必然超凡脱俗，和神仙一样。

鬼谷先生，并非姓"鬼"名"谷"，鬼谷乃是他的隐居之地。鬼谷子的真实姓名叫王诩，又名王禅，因为不知其父为谁，故随母姓。

鬼谷子的祖父是曲沃城的大富商，做珠宝买卖，家财万贯，骡马成群。但膝下无儿，只有一女，就是

鬼谷子塑像

鬼谷子的母亲，因此爱如掌上明珠。这位王小姐不仅长得漂亮，而且喜欢读书，最愿意跟老爹谈古论今。王先生以为女儿的才智并不比男儿逊色，故为女儿请来私人教师，欲使其成为当世才女。

王先生见女儿到了谈婚论嫁的年龄，心中盘算要为女儿找一个如意郎君。这时候在王先生的脑海里，已然绘好了为女儿择婿的蓝本，他的乘龙快婿，一定得是个王室的贵族，为人知书达理，一表人才。带着这样的美好愿望，王先生踏上了南下的征程。他的目的地是楚国，一个新兴的大国，这个国家的贵族需要王先生的玉器珍玩。

王先生的楚国之旅非常成功，不仅完美地达成了交易，而且通过疏通楚国王公，为自己的爱女找到了在他这个做父亲的看来相当如意的郎君。这个小伙子是楚国贵族，极受楚王器重，而且楚王因为无嗣，欲过继这个小伙子当嗣君。如果两家能做成亲戚，将来王小姐势必成为楚国的王后，王家则不仅富而且贵。王先生也可以成为国丈，一下子从不入流的商人地位跃升成为贵族。

王先生此次出差耗时将近两年，其中包括往返的时间。当王先生春风得意地从楚国回到家里的时候，迎接的队伍中出现了爱女腆着大肚子的身影，王先生揉了揉眼睛，差点没从马车上栽下来。

王先生回到家中，面对眼前的一切怒不可遏。他不能接受女儿败坏家风的行为。王先生将王小姐赶出家门，从此断绝父女关系，老死不相往来。

可怜的王小姐怀着尚未出世的鬼谷，茫然失措，不知归宿在

历史的天空

中国历代隐士

哪里。她漫无目的地行走,饿了则以野果果腹,渴了则以山泉解渴,风餐露宿,好不凄苦。

又是一年春暖花开。王小姐经过艰难跋涉,来到了一个被称为"鬼谷"的山谷。一到谷中,王小姐就觉一阵天旋地转,腹内胎儿搅动,大概是到了临盆的日期。她支

鬼谷子塑像

撑着找到一个山洞,恰好洞中积有干草,遂在洞中产下一子。分娩的过程既痛苦又喜悦,虽仍伤感于老父的绝情和自己的孤苦无依,但新生命的诞生所带给她的喜悦足以抵消她被家门舍弃后所经历的一切苦难。

孩子平安地降生,这是所有身为人母的最大的安慰。王小姐却无力享受这种慰藉,她用尽最后一丝力气,挣扎着咬破手指,用自己的血写下了遗书:走过了一路艰辛。生你的地方叫鬼谷,你的名字也就叫鬼谷。娘的身体虚弱,无法再养育你了,希望你

福大命大,能够活下去。大难不死,必有后福。娘血字。

写完,王小姐已耗尽浑身力气,她大呼一声"鬼谷儿",然而逝。处于哺乳期的老虎进洞并发现了"鬼谷儿",大概因为虎崽夭亡,思子心切,竟将浓浓的母爱转移到嗷嗷待哺的"鬼谷儿"身上。那堆干草亦是老虎用以抚育幼崽用的,没想到却为"鬼谷儿"带来了意想不到的保暖作用,使得小生命在寒湿的深谷中得以幸存,并等待失崽的老虎的到来。

由是可知,鬼谷先生乃是喝虎奶长大的,不知道虎奶和人乳有什么区别,反正不管怎么说,幼小的"鬼谷儿"总算活了下来。

隐云梦山

"鬼谷儿"能在老虎的哺育下活下来已算奇迹,没想到接下来又一件奇事发生了。趁猛虎外出觅食之际,一个鹤发童颜、仙风道骨的老人悄然进洞,将"鬼谷儿"抱起,向谷中更深处走去。

这位老者是谁?姑且称之为莫名先生。莫名先生是更早隐居于鬼谷的高士,年龄已不可稽考,自言平王东迁的时候就隐居谷中,与世隔绝。

平王东迁是西周末年的一段往事。周幽王宠幸褒姒,为了能使褒姒开怀一笑,不惜拿国家制度开涮,下令点燃只有在国家万分

鬼谷子塑像

危急的时刻才能点燃的烽火。烽火从中央辐射四方,到达疆域的最远边界。各地诸侯一看中央王国点燃烽火,以为必是夷狄入侵,就率领军队前来勤王,等到了首都镐京才知道上当受骗。后来,申国勾结犬戎攻陷镐京,周幽王再次点燃烽火,诸侯却不予理睬。西周由是灭亡,平王在申国的支持下迁都洛阳,史称平王东迁,东迁后的周王朝亦被称作东周。

莫名先生自称平王东迁的时候就隐居鬼谷,屈指算来大概也有三百余岁了。其言真假,已无从考证,但可以相信的是,莫名先生见多识广,胸怀韬略,学识渊博,不愧世外高人的称号。

"鬼谷儿"在莫名先生的精心抚养下,苗壮成长。

首先,莫名先生是一个医术高明的大夫,在他的悉心调理下,"鬼谷儿"因降生于寒湿的山洞而得的寒疾慢慢好转,其他发育指数也都达到或超过了母乳喂养的标准。其次,莫名先生还是一个诲人不倦的老师,"鬼谷儿"长大后聪颖灵慧,悟性颇高,莫名先生就将自己的学问倾囊而授。"鬼谷儿"往往能举一反三,触类旁通,深得莫名先生的喜爱。

鬼谷子到了总角之龄的时候,深得莫名先生的真传,已能上晓天文,下知地理,精熟兵法,深谙术数。其间,莫名先生多次带着鬼谷子出谷,考察世俗风情,增长见识和阅历。当地的老百姓亦都知道,鬼谷中有一对神仙师徒,俱仙风道骨,尤其是小徒弟,年龄虽不大,见识与老师父无异,将来必定青出于蓝而胜于蓝。

时间飞逝,转眼间鬼谷子已在谷中度过二十个春秋。

这一天,莫名先生把鬼谷子叫到身前,语重心长地说:"鬼谷儿,为师已将终生所学传授给你,希望你能够发扬光大,学有所用,学有所成。当今的世道,兵灾扰攘,七雄争霸,而老百姓却生灵涂炭,颠沛流离。你要记住,你的来历不凡,上天也必将降大任于你的肩上,你要好自为之,把渊博的学识和毕生的精力都献给解民倒悬的事业上。而解决之道在于谋求统一,你要找到赏识你的英主,献上统一天下的策略,一代不行就教育下一代,乃至再下一代,直到成功的那天。”

鬼谷子说:“弟子谨记。” 莫名先生听到鬼谷子做出保证,觉得自己收养他的任务已经圆满完成,于是不顾鬼谷的再三挽留,执意离开,并决意在有生之涯师徒不再相见。鬼谷子送走莫名先生后,内心十分伤感,为老师这种无私之爱而感动至深。

鬼谷子念念不忘老师临走时的嘱托,想要出谷宣扬自己的治平之策。谁知道天下事想来容易做来难,鬼谷子带着满腔热血游说诸侯,却四处碰壁,没有人愿意重用他,他的满腹经纶亦不得施展。鬼谷子的处境可谓如丧家之犬,七个欲称霸天下的强国,竟然没有一个君主能领会他的一片苦心,有的非但不理解,反而恶语相向,态度相当恶劣。

鬼谷子一趟跑下来,累个半死不说,先前的梦想亦烟消云散。在壮士扼腕之余,鬼谷子想到了先贤孔丘先生的一段故事。

孔丘先生创立儒家学说,也曾向各个诸侯国宣扬自己的治国思想,但同样四处碰壁,甚至到了陈、蔡两个地方,衣食都没有着落,孔丘先生面如菜色,有气无力地说:“道不行,乘桴浮于海。”意思就是没人听我的,没有人看好的我的治国之道,我就乘上筏子到海外去,意即归隐江湖。

鬼谷子深受启发,又联想到自己游说这么多年,白白浪费了大好岁月,却一事无成,这不正是孔子曾经遭遇过的窘境吗?故而萌生归隐之心。

历史的天空

中国历代隐士

鬼谷子像

于是,鬼谷先生决定重新回到"鬼谷"所在的云梦山中,去过一种隐居生活。

鬼谷先生认为自己没能完成老师临行前交待的任务,内心时常愧疚难当。当他自我反省的时候,认为自己入世虽不再可能,但可以培养胸怀大志、满腔热血的年轻人,继承他和老师的志向,发扬他的学术思想,最终辅佐明主,谋求天下的统一。因此,鬼谷先生决定广收门徒以实现自己的宏愿。

最终鬼谷先生选了五百名弟子,分几期授教,其中不乏优秀者。尤以第一期中的孙膑和庞涓与第二期中的苏秦和张仪最为突出。

鬼谷先生亦因这几位弟子而扬名后世。其中更因苏秦和张仪两位先生的历史贡献,鬼谷先生被尊为纵横家的鼻祖,不仅受到后世门徒的顶礼膜拜,而且深受其他思想流派的追崇和仰慕。

一代儒隐——颜回

颜回,字子渊,春秋时期鲁国人。他十四岁即拜孔子为师,此后终生师事之。在孔门诸弟子中,孔子对他称赞最多,不仅赞其好学,而且还以"仁人"相许。历代文人学士对他也无不推崇有加,宋明儒者更好"寻孔、颜乐处"。自汉高帝以颜回配享孔子、祀以太牢,三国魏正始年间将此举定为制度以来,历代统治者封赠有加,无不尊奉颜子。

儒家精神

颜回刚入孔门时,在弟子中年龄最小,性格又内向,沉默寡言,才智较少外露,有人便觉得他有些愚。有一次颜回随子路去洙水洗澡,见五色鸟在河中戏水,便问子路是什么鸟。子路回答说:这叫荧荧鸟。过了些日子,颜回与子路又去泗水洗澡,又在河中碰见五色鸟,颜回再次问子路:您认得这鸟吗?子路又答曰:这是同同鸟。颜回反问:为什么一种鸟有两个名字呢?子路说:就像我们这里出产的鲁绢一样,用清水漂洗就是帛,用颜色染就是皂,一种鸟两个名字不是很自然吗?

颜回的忠厚与内向,掩盖了他的聪颖善思,就连孔子一时也难以断定颜回的天资究竟属于那个层次。经过一段时间的深入观察了解，孔子才指出颜回并不愚。颜回天资极聪慧，就连能言善辩的子贡也坦率地说不敢与颜回相比。

颜回聪敏过人，虚心好学，使他较早地认识到孔子学说的精深博大，他对孔子的尊敬已超出一般弟子的尊师之情。他以尊崇千古圣哲之情尊崇孔子，其亲若父与子。颜回曾感叹地说："老师的道，越抬头看，越觉得它高明，越用力钻研，越觉得它深奥。看着它似乎在前面，等我们向前面寻找时，它又忽然出现在后面。老师的道虽然这样高深和不易捉摸，可是老师善于有步骤地诱导我们，用各种文献知识来丰富我们，提高我们，又用一定的礼来约束我们，使我们想停止学习都不可能。我已经用尽我的才力，似乎已能够独立工作。要想再向前迈一步，又不知怎样着手了。"所以在少正卯与孔子争夺弟子时，使"孔子之门三盈三虚"，唯有颜回未离孔门半步，因而后人评价说：

颜回像

颜渊独知孔子圣也。

颜回求学期间，公元前502年，娶宋国女子戴氏为妻。次年生子颜歆。

公元前503年时，颜回西游至卫，由卫至宋。颜回西游的目的，主要是去宋国向戴氏求婚。据《颜子评传》考证，颜回途经卫国，是因为其本家颜浊邹在卫国。颜子的同宗颜浊邹在卫国有一定的社会地位和影响，为卫国贤大夫，而且家资丰厚，后来孔子周游列国，初到卫国时，就住在他家中。颜子到卫国并不是他最终的目的地。颜子

颜回画像

到宋国去的目的，很可能与其婚姻有关。颜子之所以先到卫国而后到宋国，看来颜浊邹在其间充当了月老的角色，故颜子以到卫国去游学为由，而实际上是请颜浊邹一同前往宋国。

简居陋巷

颜回所处的时代，已是中国的春秋末期，不但周天子的王权继续衰落，而且各诸侯国的公室也衰落了。

春秋时鲁国为三桓执政，至鲁昭公、定公、哀公时，家臣势力兴起，家臣叛乱屡有发生。

公元前538年，叔孙氏家臣竖牛软禁并饿死了叔孙豹，设计杀害了叔孙豹的两个嫡子，拥立庶子叔孙诺。公元前530年，季平子立，对家臣南蒯未加礼遇，南蒯便密谋以公子憖代替季平子。公元前505年至前501年，季氏家臣阳虎专政，并把持了鲁国国政。

阳虎之乱是鲁国家臣叛乱中持续最长、影响最大的一次叛乱。阳虎的权势凌驾于三桓之上长达三四年。阳虎原本为孟孙氏庶支，后为季孙氏家臣，季平子时很受重用。季平子死，季孙斯立，阳虎已是季氏三世"元老"。在处理季平子葬礼上，阳虎与季孙氏另一家臣仲梁怀发生争执。阳虎要求以鲁国之宝玉玙璠为季平子敛尸，仲梁怀却认为那是季平子在昭公逊国时，代国君行祭时所配，今定公已立，不能再用。

　　阳虎便勾结费宰公山不狃，想联合驱逐仲梁怀。公山不狃初时并不以为意，后因仲梁怀对其不敬重，才对阳虎说："子行之乎！"阳虎起事，并囚季桓子与公父文伯，驱逐了仲梁怀。冬十月，阳虎杀公何藐，与季桓子在稷门内设立盟誓，举行大规模诅咒，驱逐公父文伯与秦遄，彻底清除异己势力，完全控制了季氏家族。

　　公元前 502 年，阳虎想灭掉三桓，让季寤代替季氏，让叔孙辄代替叔孙氏，自己代替孟孙氏。阳虎借冬祭的机会起事，事败，逃灌、阳关，据两地反叛。

　　鲁国经三桓专权、陪臣执国命两个时期后，不仅使宫室衰败，鲁国旧日的贵族世家也大都衰落。

　　鲁国的颜氏家族到

颜回

颜路、颜回父子时，除了保有祖传的贵族身份及颜路的鲁卿大夫头衔外，便只有陋巷简朴的住宅及五十亩郭外之田，十亩郭内之圃了。

在生产力极为低下的春秋时期，些许田产难以维持一个贵族家庭的生计，颜回父子不得不省去作为贵族家庭的一般性开支，简居于陋巷。

颜回素以德行著称。他终生所向往的

颜回与孔子像

就是出现一个君臣一心，上下和睦，丰衣足食，老少康健，四方咸服，天下安宁的无战争、无饥饿的理想社会。

公元前481年，颜回先孔子而去世，葬于鲁城东防山前。孔子对他的早逝感到极为悲痛，不禁哀叹说：噫！天丧予！天丧予！颜回一生没有做过官，也没有留下传世之作，他的只言片语，收集在《论语》等书中，其思想与孔子的思想基本是一致的。后世尊其为"复圣"。

显赫隐士——严光

严光是东汉初年著名的隐士，他放着高官不做，归隐富春江，以不慕富贵、"泥土轩冕"的崇高气节而彪炳史册。北宋文人范仲淹在桐庐富春江严陵滩旁建了钓台和子陵祠，并写下了名文《严先生祠堂记》，其中"云山苍苍，江水泱泱，先生之风，山高水长"之句子传诵千古。

成名儒士

严光是浙江余姚人，当时余姚是会稽郡的属县。又名严遵。后人之所以称他为严子陵，大概是出于对他的敬仰，不好称呼他的名讳吧。他年轻的时候名气就很大了，和当时还不是皇帝的刘秀一同游学。游学是过去一种很特别的学习方式，大概就相当于今天的借读，可是又不大一样。试想那个时候，严子陵已经是成名的儒士，而刘秀才不过是初出茅庐的学童。

清代的袁枚在《随园诗话》里说，从严子陵和光武帝留下来的不多的几句诗来看，他们的确是出于同门。他们的共同的老师是谁，现在已经无从考证了，史书上只是说，刘秀年轻的时候"受《尚书》于中大夫庐江许子威"。这个许子威是不是也是严子陵的老师,谁都不知道。

光武帝刘秀二十八岁起兵反抗王莽,经过多年的奋战,终于登极坐上了皇帝。等到他即位三年之后天下大定的时候,严子陵早就不知何所去了。刘秀当然了解严子陵的才能,派人去找,没有找到。又过了两年,到建武五年他下诏让天下有名望的隐士们来京师的时候,才从齐国的地方官员那里知道有一个人"披羊裘钓泽中"。用现代的话说就是披着羊皮大衣在湖中垂钓。

刘秀大概是很了解严子陵的生活习惯和性格特征,马上意识到这很可能就是自己所要寻找的师兄。他自然也知道邀请严子陵不是一件容易的事情。用现在的话说就是,派人开着奔驰车去请了好几趟,请来之后住在国宾馆里,好吃好喝,由自己的御用厨师给他做饭吃。但是严子陵不为所动,很可能是该吃就吃,该睡就睡,不把皇帝的厚遇放在眼里。

皇帝的老朋友来了,皇帝自然是想让他做官,而且肯定不是小官。如果谁能替皇帝把这件事情办好了,不但会给皇帝留下一个好印象,而且皇帝的老朋友日后也可能在皇帝面前为之美言。善于钻营的老官僚司徒侯霸看出了这一点,于是就派人去请严子陵。侯霸市老官僚了,当年在西汉的时候就小有名气,后来当上了王莽的"刺奸"。"刺奸"的名字虽然很古怪,但是位子并不低,相当于西汉的刺史了。后来又掌握了一个郡的实权。

在王莽死后,政权更迭的时候,侯霸很聪明地成为了一个地方实力派。他知道自己没有实力去争雄天下,但他在等,等到合适的机会成为新的朝廷的要员。更始帝即位的第一年,就派人去招降侯霸。当时天下正当大乱,谁是以后能够脱颖而出的真命天子谁都不知道。这个时候怎么能轻易地宣布自己的阵营呢?侯霸没有去。

到了刘秀的建武四年，天下评定都有了些日子了，刘秀征召他入朝担任尚书令，他就屁颠屁颠地入朝了。没有多长时间，他就晋升到了司徒的位置。侯霸本人自然是善于钻营，其子侯昱后来陷害马援就又是一桩公案了。

史载侯霸与严光有旧。具体是什么关系谁也不清楚了。侯霸派人去请严子陵，随人去的是他写的一封信，信里说，我现在当上司徒了，本来说去拜访你，可是每天的事情都很忙，希望你有空的时候来我这里，咱们说一说话。在官场上聪明的侯霸面对严子陵显得很是愚蠢：这样一个人，皇帝都费了很大的力气才请来，如果你轻易地就能请动他岂不是不可能；就算是他肯，这件事让皇帝知道以后又会怎样看你？

严子陵的态度当然也是很严肃：不答，乃投札与之，口授曰："君房足下：位至鼎足，甚善。怀仁辅义天下悦，阿谀顺旨要领绝。"侯霸字君房，司徒与司马、司空同为三公，因此说是"鼎足"。

严光像

严子陵毫不客气地称侯霸的字，这是把侯霸仅仅当作自己的一个熟人而已了。"怀仁辅义天下悦，阿谀顺旨要领绝"更是说到了侯霸的痛处。自己本来就是靠见风使舵当上三公的，被人一下子揭了出来，好没面子。

侍者一开始要严子陵写封回信一边自己回去交差，可是倔强的严子陵说手写不了字。可能觉得自己

37

把严子陵的话重复一遍给侯霸肯定招来司徒大人对自己的不满甚至实责打、免官,于是就把这几句话记录下来,作为回信交给了侯司徒。这些字作为回信的确太少了一点,可是严子陵却也不肯多说,对使者说,你这难道是买菜嘛,越多越好?

侯霸知道了信的内容,知道无趣,便把信也不拆开,就直接交给了刘秀。刘秀见信,不但不生气,反而说:"狂奴故态也。"并且马上去找严子陵。见到了严子陵,光武皇帝也不管自己的尊严,上去摸严子陵的肚子,大概过去他也经常这样干,说,你就不能出来帮帮我忙吗?严子陵只是假装睡觉,而不去回答皇帝的问话。倒是老朋友在一起说起过去的事情最投机也最高兴,两个人一起说了好几天。刘秀问,我和过去相比有什么不一样啊。刘秀问得十分自然,严子陵答得也非常巧妙,你比过去胖了。

聊得高兴了刘秀就住在了严子陵那里,严子陵睡觉大概有翻身的毛病,竟把脚放在了刘秀的肚子上。两个人,一个喜欢用手摸人家肚子,一个喜欢把脚放在人家肚子上,真不愧是一同游学的老朋友了。

孰料第二天太史就上奏:客星犯御坐甚急。那时候都时兴天人感应,认为地上的皇帝有什么举动都能在天象上反映出来——这也是董仲舒老头子的歪理邪说之一,大概是太史听说了这件事情以后故意编造出来借以劝谏皇上的,也或许真是严子陵不畏皇权的精神感动了上天,总之是为后代留下了一个不大不小又十分有趣的传说。

刘秀想让严子陵当谏议大夫,主要就是给皇帝和大臣们提意见。其实这个官职如果要让严子陵来当,那时再合适不过了:少有高名,又是皇帝的朋友。但是严子陵就是不当,坚持回富春

历史的天空

中国历代隐士

山钓鱼、种地去。刘秀也知道留不住他了，便放他去了。

权势名隐

严光像

可以说，严子陵是中国历史上最显赫也最有权势的一名隐士。之所以显赫是因为他面对皇帝是自己的老朋友这一优势，仍然不为权势所动。他不是向子期，没有人逼着他去当官，为朝廷卖命。他也不是假隐士，为了权势自己便投向了统治者的怀抱。之所以有权势不但是因为他是皇帝的老友，更因为他的高风亮节使许多后世的才俊折节其下。

他之所以不愿当官，或许是真的喜欢上了富春山的山水，可是为什么他一开始却在齐国钓鱼呢？

是怕光武帝去家乡找他吗？还是因为他看惯了西汉皇帝对待功臣的暴虐和对能臣的压抑，不愿意做屈死的韩信、遭疑的萧何、放逐的贾谊、老死的冯唐、不能封侯的李广、死得不明不白的晁错、周亚夫？还是觉得，自己做老朋友的臣子的话，以后难免因为冲突而像当年的张耳陈余那样兄弟反目、朋友成仇？或许是他真的愿意做一个与世无争的老人，与天地共同融合在宇宙之中。

隐逸之宗——陶渊明

　　陶渊明,东晋末期宋初期诗人、文学家、辞赋家、散文家,自号五柳先生。浔阳柴桑人。晋代文学家。以清新自然的诗文著称于世。相关作品有《饮酒》《归园田居》《桃花源记》《五柳先生传》《归去来兮辞》《桃花源诗》等。诗多描绘自然景色及其在农村生活的情景,语言质朴自然而又极为精练。陶渊明的诗和辞赋散文在艺术上具有独特的风格和极高的造诣,开田园诗一体,为古典诗歌开辟了新的境界。

田园隐士

　　"先生不知何许人,不详姓氏,宅边有五柳树,因以为号焉。闲静少言,不慕荣利。好读书,不求甚解,每有会意,欣然忘食。性嗜酒,而家贫不能恒得。亲旧知其如此,或置酒招之,造饮辄尽,期在必醉,既醉而退,曾不吝情去留。环堵萧然,不蔽风日,短褐穿结,箪瓢屡空,晏如也。尝著文章自娱,颇示己志,忘怀得失,以此自终。"这是陶渊明的自传。从这段文字看,我们可以推测出陶渊明肯定很贫穷,穷到什么地步呢?四面的墙不能遮风蔽日,屋里更是空空如也,所谓"环堵萧然,不蔽风日"是也。但这并不影响陶渊明读书并以此为乐甚至"欣然忘食"，也不影响他写诗著文，虽是"自娱"，却"颇示己志"。陶渊明还爱喝酒，而且"期在必醉"。看来这不是一个一般的读书人，肯定是个颇为狂傲，而且特立独行的人。

陶渊明生活在一个"真风告逝，大伪斯兴"的时代。在这个时代里，建安风骨已不复存在，竹林遗恨业已被淡忘。人们忙活着当官，忙活着发财，忙活着扮演孝子……

陶渊明当然也在忙活着，这位不久前才就任的县太爷正在为要在朝廷拨给他的三顷职田里种高粱还是种稻米的问题与妻子发生争执：按照他的想法，不如将三顷职田通通种上高粱，待收获后好去酿酒；而妻子则坚决主张，一定要分出部分土地种些

陶渊明像

稻米,因为人总是要吃饭的。可他们正争得不亦乐乎的时候,寻阳郡的督邮到县里来视察工作了。

县吏告诉县令:这位负责"纪检"工作的上司可是得罪不起,您必须更衣束带,出门远迎。一句话说得陶渊明兴味顿消,来了句"我不能为五斗米折腰向乡里小人!"即刻解印归田,回自己家去种高粱了。

陶渊明在回家的最初三年里,似乎颇感惬意。他躬耕、爬山、作诗、喝酒。温饱不成问题,家中的孩子与他一样天真、幼稚而又可爱。每当看到小儿子正倚着门等着他回来,陶渊明的心里顿时一片暖意。那时的陶渊明,就常常在家人团聚的欢乐中冲淡了他对外界仅存的一点点依恋。

公元 408 年,就是他四十四岁那年,一场大火将他的家焚毁一空。此后,他的家境日下。终年辛劳,竟常常弄到难以糊口的地步。他像许许多多的中国农民一样尝到生活的艰难。

中国农民,这个最本分、最勤劳的群体,为什么始终处于常年劳作而又常常难以糊口的境地,这一问题似乎至今还没有人能够回答。人们只是

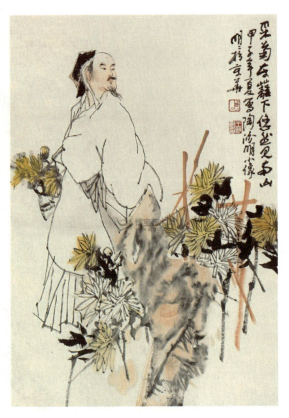

陶渊明画像

从内心深处隐隐地感觉到农民是很苦的,农村是很穷的,所以世人才会那么热衷于官场与权力,而对劳作与农业却有一种唯恐躲避不及的心态。但是令人吃惊的是,在最困难的时候,陶渊明又一次拒绝了朝廷的征召,躲避政治和官场。

他的晚年贫困而又凄凉。他有时甚至出门乞借粮食以度时日。而他的儿子又都不爱读书,或者干脆说是都不会读书,甚至都有点痴呆,而且是五个都如此。这给他平添了许多烦恼。 但他仍然写诗,写他钟情的山川和田园。那在晨曦雾霭中浮动的绿色,那在山坡和水面上流动的气体,婉转的鸟鸣,悠闲的鱼游,都是他抒情的对象。他对自己困窘的生活际遇淡然置之;他对死亡与万物的主宰同样淡然置之。在他看来,生与死那是一种自然的过程,一个人的意志无法加以改变与驾驭的过程。人只是顺应这个过程,何况,人从自然中来,最终又回归自然。

陶渊明像

天才诗人

这个伟大的隐者是个天才诗人。他的诗与他的人性一样自然而又纯情。一千六百年后的今天,读他的诗仍然能嗅闻到其中的清新气息。那是遍野山花的气息,溪畔杨柳的气息,春草在大地上惊奇地探出脑袋的气息,菊花在初冬的薄霜里散逸出的淡淡清香的气息。

对大多数没有宗教信仰的中国人来说，陶渊明的诗集是一部构建自然主义美学人生的准宗教中的圣经。这部圣经中的上帝就是我们身处的自然，它就是鱼游、鸟鸣，云遮、雾绕，森林、岩石，泉流、瀑布，明月、晨曦，秋菊、冬梅，还有紫花地丁，还有黄蝴蝶和红蜻蜓，它就是我们在其间播种、挥汗，耕耘、收获，然后躺在山坡上观流云嬉戏，或者坐在大树下听松涛轰鸣。

陶渊明虽然最终做了隐士，但假如他一开始就不入仕途，他的为人为文也就不会有那么独特的魅力。他的辞官、谢聘，正是因为当时官场黑暗，仕途艰难，以其门第，以其心性，不可能左右逢源，飞黄腾达。因此在报国无门，立功无望，上下求索中陷入穷途末路之后，他才悲守寒庐，这才以诗文为寄托，忘情于田园，以恬淡解忧愤，化平凡为真趣，成一代宗师。

正因如此，诗人才卸去了所有负荷，心灵完全放松，神思飞

陶渊明水墨画

向了家园。他畅想初归的情景："乃瞻衡宇,载欣载奔。僮仆欢迎,稚子侯门。三径就荒,松菊犹存。携幼入室,有酒盈樽。引壶以自酌,眄庭柯以怡颜。倚南窗以寄傲,审容膝之易安。园日涉以成趣,门虽设而常关。策扶老以流憩,时矫首而遐观。云无心以出岫,鸟倦飞而知还。景翳翳以将入,抚孤松以盘桓。"

稚子欢天喜地相迎,将要荒芜的家园因主人的归来而顿显生机。诗人自斟自饮,打量着久别的庭院,无限开心。住室虽窄,也可安居,只要知足,就能常乐。没有交游,但有酒盈杯,可引壶自酌,每天独自在园中走走,悠闲自在。有时抬头看天,云朵无忧无虑地从山峦间飘起,鸟儿疲倦后飞回家园。诗人也倦了,如今终得安宁,像闲云一样自舒自卷,真是快乐无比。

归田初期的生活,还是较为轻松闲适的。这也是诗人聊为弦歌、苦心安排的结果。家里有僮仆、有儿子,他只需偶尔过问一下农事,更多时间消遣于读书、闲聊及游山逛水中。

"方宅十余亩,草屋八九间。榆柳荫后檐,桃李罗堂前。"这是一处不错的居住环境,虽为草屋,但八九间并排着,宽敞且明亮,而且房前屋后绿树环绕,幽静而雅致。这样的环境,尚能让诗人自足无忧。诗人的心情也平静闲适。

庭院中没有灰尘杂物,就像诗人的心纯净无污,也暗示没有世俗杂事缠身,诗人喜爱这种恬静的生活,庆幸自己像鸟儿挣脱牢笼一样摆脱了官场的诱惑与羁绊,回到了大自然的怀抱。

梁朝名隐——陶弘景

陶弘景,字通明,号华阳居士。生于江东名门。中国南朝齐、梁时期的道教思想家、医药家、炼丹家、文学家,帮助修订《本草集注》。卒谥贞白先生。南朝南齐南梁时期的道教茅山派代表人物之一。因看透了混浊的人世,虽在朱门,闭影不交外物,唯以批阅为务。后隐居句曲山,可是国家每有吉凶征讨大事,无不前以咨询,月中常有书信,时人谓为"山

陶弘景像

中宰相"。

隐居曲山

陶弘景塑像

陶弘景,曾隐居永嘉楠溪和瑞安陶山多年,留下不少遗迹和脍炙人口的民间传说。他一生经历南朝宋、齐、梁三个朝代,是著名的道教思想家、医家。他出生于书香家庭。祖父陶隆,为王府参军,父亲陶贞,曾任孝昌县令。

弘景小时即表现奇特,四五岁就用荻干作笔在灰中学字,十岁开始研读葛洪的《神仙传》。便立志养生,十五岁著《寻山志》。二十岁被引为诸王侍读,后拜左卫殿中将军。三十六岁梁代齐而立,隐居句曲山华阳洞。梁武帝早年便与陶弘景认识,称帝之后,想让其出山为官,辅佐朝政。陶于是画了一张画,两头牛,一个自在地吃草,一个带着金笼头,被拿着鞭子的人牵着鼻子。梁武帝一见,便知其意,虽不为官,但书信不断,常以朝廷大事与他商讨。

公元 492 年,陶弘景 36 岁,他的好友萧衍取得了帝位,他便隐居于曲山。梁武帝萧衍深知陶弘景的才能,几次想请他出仕,都被他拒绝了。后来，梁武帝无法，只好时常将国家大事写成信件，派人送到曲山请教陶弘景，陶弘景看在多年好友的份上，也时常写信给梁武帝，指点政策。于是，朝廷与曲山间音信不断，陶弘景虽身在方外，却俨然成为了朝廷决策人物。

著书颇丰

陶弘景在医药、炼丹、天文历算、地理、兵学、铸剑、经学、文学艺术、道教仪典等方面也都有深入的研究，而以对于药物学的贡献为最大，这又和炼丹有关。

陶弘景对化学的贡献之一是记载了硝酸钾的火焰分析法："先时有人得一种物，其色理与朴硝大同小异，朏朏如握雪不冰。强烧之，紫青烟起，仍成灰，不停沸，如朴硝，云是真消石也。"所谓"紫青烟起"是钾盐所特有的性质。陶弘景这一记载，是世界化学史上钾盐鉴定的最早记录。

陶弘景曾长期从事炼丹实验。梁武帝送给他黄金、朱砂、曾青、雄黄等原料，让他炼丹。他在炼丹过程中掌握了许多化学知识，例如：汞可与某些金属形成汞齐，汞齐可以镀物。指出水银"能消化金、银成泥，人以镀物是也"。胡粉和黄丹不是天然产物，

陶弘景像

而是由铅制得。指出胡粉是"化铅所作"，黄丹是"熬铅所作"。

陶弘景在医药方面的最大贡献，是对《神农本草经》的科学整理。《神农本草经》总结了汉代以前劳动人民积累的药物知识，共收载药物三百六十五种，分成上、中、下三品。

书中对每一味药的产地、性质、采集和主治的病症，都作了详细的记载。对各种药物如何配伍以及简单的制剂，都做了概述。但随着实践的不断深入，人们的药物知识农渐丰富起来。到了南北朝时期，汉代的这本《神农本草经》，不仅辗转传抄，"贻误相继，字义残缺"，而且内容已经远远不能满足实践的需要。

因此，陶弘景便对本草学做了一次较全面的总结。他从自己名医别录编中挑选出了三百六十五种新品种附入《神农本草经》，使原书只有三百六十五种的药物增加到七百三十种，并予以一一订正、调整、分类注释，编成《本草经集注》一书。

陶弘景整理医籍，十分尊重原作，决不乱涂乱改，也不信口雌黄，即使有补充，也把自己的说法和原书的说法区分开来。如把搜集到的三百六十五种药加入《神农本草经》，他就用"黑"字写，有的就用"红"字写。所以，后人有"本草赤字，本草黑字"之称。赤字是本经正文，黑字是后来加入的。他开创的这种做法，后来的注释家就争相学习。

陶弘景整理医籍，细心、严谨、周密、实用，是我们今天整理中医古籍的一面镜子，不愧为一代名医，流传千古。至今还被世人所推崇。

孤山隐士——林逋

　　林逋复，又称和靖先生，北宋著名词人。幼时刻苦好学，通晓经史百家。书载性孤高自好，喜恬淡，勿趋荣利。长大后，曾漫游江淮间，后隐居杭州西湖，结庐孤山。常驾小舟遍游西湖诸寺庙，与高僧诗友相往还。每逢客至，叫门童子纵鹤放飞，林逋见鹤必棹舟归来。作诗随就随弃，从不留存。宋仁宗赐谥"和靖先生"。

结庐孤山

　　林逋少孤力学，好古，通经史百家。书载性孤高自好，喜恬淡，自甘贫困，勿趋荣利。及长，漫游江淮，40余岁后隐居杭州西湖，结庐孤山。以湖山为伴，相传20余年足不及城市，以布衣终身。丞相王随、杭州郡守薛映均敬其为人，又爱其诗，时趋孤山与之唱和，并出俸银为之重建新宅。与范仲淹、梅尧臣有诗唱和。

　　提到林逋，人们首先想到的自然是他的诗，"占尽风情向小园，众芳落独暄妍。疏影横斜水清浅，暗香浮动月黄昏。"一首小诗，田园之乐，暗夜之情，跃然纸上；满溢的遐思和仰望在后人的心头层层荡漾，隐居的清雅和高逸，也如夜半歌声，缥缈而至。因为这首《山园小梅》实在声名太响，所以人们往往忽略了林逋的词。

　　林逋一生存词三首，《长相思》便是其一：吴山青，越山青。两岸青山相送迎，谁知离别情？君泪盈，妾泪盈。罗带同心结未成，江头潮已平。

　　这首《长相思》虽然写的是离愁别绪，但笔调清新优美，上阕写景，"吴山青，越山青"两个叠字的运用，在复沓的民歌中唱出江南美。一句"谁知离别情？"似乎是对亘古青山的怨怒，也像是对情人的嗔怪，别有意味。下阕由景入情，"君泪盈，妾泪盈"，满纸离别之痛，泪眼婆娑，哽咽无言。同心未成潮已平，自是人生长恨水长东。

　　吴、越为春秋时期古国之名，在今江浙一带。这里自古以来明山秀水，风光无限。而锦山秀水，也阅尽人世悲欢。

　　林逋长期隐居西湖江畔，孤傲的情怀，向来为人称道。人们一直以为"和靖先生"妻梅子鹤，清心寡欲，不食人间烟火，一定是爱情的"绝缘体"。不曾料想，原来林先生对人间真爱也如此深情。

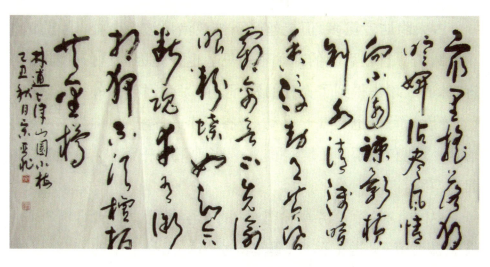

林逋七律《山园小梅》

后人无数次揣测，是不是因为了什么外力的干扰，林逋的爱情不能如愿，才隐居孤山，与动植物为伴？然而不论如何解读，历史只有一个结局：他是清高的隐士，无子，未婚。

然而，似乎中国古代的隐士总是很难真正归隐，即便退守深山，也还是招来无数的羡慕。名士梅尧臣就曾经踏雪寻山，拜访林逋。而北宋名臣范仲淹也是林逋的一个好友。可见，林逋虽隐，但对于庙堂与江湖之事，定是了然于心的。

三两旧友，与风雪之日围炉话谈，江山如此多娇，才情如此俊秀，饮酒取暖，谈笑风生；纵然隐蔽孤山，亦不乏生活情趣。足见林逋的隐居只为避世却并不厌世。避世，乃避红尘琐事；厌世，多为心灰意冷。

宋初之际江山甫定，书生们意气风发，正是指点江山豪情万丈之时，加上政治上对文人的特殊照顾，平素还能有几个要好的朋友经常走动，可以想象林逋的隐居生活还是比较滋润的。

隐得洒脱

古人隐居者虽多，但能丝毫不被政治风波所牵扯，隐得如此功德圆满、自在洒脱的却并不多见。也正是因为这份优雅和从容，林逋的才华得到了充分的发挥。除了《长相思》外，还有一首《点绛唇》，写得也是气韵生动：金谷年年，乱生春色谁为主？余花落处，满地和烟雨。又是离歌，一阕长亭暮。王孙去。萋无数，南北东西路。

中国常有"萋萋芳草喻离愁"的文学传统，如"青青河畔草，绵绵思远道"又送王孙去，萋萋满别情"，无处不生的春草，犹如人们无处不在的深情，别意缠绵，难舍难分。然而林逋的这首《点绛唇》却于众多咏物诗词中脱颖而出。

残园、乱春、烟雨、落花、离情、日暮，在阡陌交通的小路上不断蔓延，全词无一草字，却字字令人联想到芳草萋萋，写景抒情浑然一体，被奉为咏物词的佳作。王国维更是称赞为"咏春草三绝调"之一。

古人咏春咏草多为感怀伤世，以屈原为首的文人骚客，也多以香草美人自喻，含蓄地表达自己对君主的忠贞、"迷恋"，以及愿意为江山社稷肝脑涂地的决心。所以，这类"八股写法"常常是托物言志，鲜有真诚、纯粹的咏物之作。唯此，林逋的词中融进了自己的离愁别恨，又无关时局的波澜，在眼界和境界上自然与别家不同，其颇得盛赞也是情理之中。

从林逋的隐居情况来看，宋初虽偶有征战，但生活还算安逸，用现代词汇来讲，比较"休闲"。假若生逢乱世，逃命尚且来不及，哪里还有闲情雅致来隐居。于美丽的西湖边，看梅怒放，听野鹤长鸣，林逋过上了传统文人的最向往的"隐居生活"。

他超脱凡尘俗世，情怀高拔挺秀，为文人的躬耕自守、恬退隐居树立了最初的范本。

林逋隐居图

而他的词作《长相思》，深深地浓缩了吴越青山绿水的万种风情，如一朵凝香含露的小花，意境优雅，盈溢出一抹清香。

至此，唐五代浓艳香软的词风，

林逋隐居写意图

经过岁月的沉淀，到宋初已渐渐转为雅淡清远，故寇准、梅尧臣等都喜欢和林逋这样的隐士相唱和，洒脱之中带着些许无名的惆怅。

作为名士的隐士，林逋从内在气质到外在生活方式，都流露出"潮人"个性，而这追求也慢慢沉潜为一种根基，根植在宋代词人的血液里，影响了一批清高孤傲、卓尔不群的词人。

林逋存词仅三首，《点绛唇》为咏物一绝，《长相思》为闺情极品。故谈及宋词，始终越他不过。

历史的天空

中国历代隐士

山水隐士——谢灵运

　　谢灵运,南北朝时期杰出的诗人、文学家,东晋名将谢玄之孙,母亲是王羲之与郗璿的独女王孟姜的女儿刘氏,小名"客",人称谢客。又以袭封康乐公,世称谢康乐。主要创作活动在刘宋时代,中国文学史上山水诗派的开创者。由谢灵运始,山水诗乃成中国文学史上的一大流派,最著名的是《山居赋》,也是见诸史册的第一位大旅行家。

山水诗人

　　在我国文学史上,有一位著名的"山水诗人",他开创了山水进入诗坛的先例,后人称他为山水派的祖师。他就是南朝宋齐时期的"元嘉三大家"之一的谢灵运。

　　谢灵运小名叫客儿,生来聪明灵气。他的祖父即是曾在淝水之战中立下赫赫战功的谢玄,非常疼爱这个灵秀漂亮的小孙子,把他视为掌上明珠。他曾高兴地对人说:"我生下了一个不肖的儿子,他却给我生下了一个好孙子。"因为谢灵运的父亲天性迟钝,挂了个秘书郎的官职整天闲置在家,很早就去世了。谢灵运4岁的时候,祖父病重,临死前谆谆嘱咐家人一定要把谢灵运带好，培养成才。谢灵运8岁时袭封康乐公。

　　谢灵运天资聪颖，读书勤奋。他读的书多而广，诗文写得非常出色，文笔奔放，辞藻丰茂。他的诗在江南一带广为流传，许多人争相抄诵，与大诗人颜延之同为江南第一流文学家。

　　但谢灵运出身于官府大家，生活在乌衣巷里，家里人又非常娇惯他，所以，使他养成了摆阔气、讲摆场的公子哥的习性。他出入府市，身边总是前呼后拥地跟着一帮子随从为他提衣提物，左搀右扶，正像人家说的那样："四人挚衣裙，三个提坐席。"这种生活方式养成了他傲慢无礼、为人尖刻的习性。

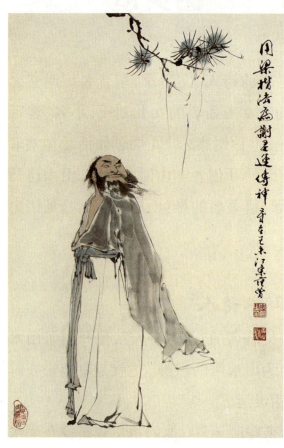

谢灵运像

　　他的叔父谢瑶怕他长此下去会树敌太多，就让他的堂兄谢瞻找机会劝说他。有一次，谢灵运和谢瞻同坐一辆车出游，谢灵运又无事生非地指手画脚取笑别人。谢瞻皱了皱眉头，劝诫他说："你的父亲早已去世，可直到现在还有人谈论他，常有褒贬。如果你听到别人讥讽你父亲，恐怕一定很不高兴吧？瞎扯人家的长短，惹人生气，何必多此一举呢？"几句话，说得灵运面露羞色，无言以对。以后，谢灵运还真的有所收敛了。

后来，谢灵运进入了仕途，曾任永嘉太守、秘书监及临川内史等职。但他还是常有为人失礼的行为。朝廷始终把他当成一个学者对待，并不给他实权。这对于想在官场上"一展宏图"的灵运来说，实在是不小的打击，为此，他愤愤不平，认为自己是"英雄无用武之地"。他仕途失意，闷闷不乐，做官时也不问政事，只知游玩于山水之间，游览于奇景妙境之中。每游览一处地方，就写一篇诗文，山水开始大量入诗。后来，谢灵运干脆称病辞职，回到了生他养他的地方——会稽。那里有祖上的房产田业，他祖父、父亲也葬在那里。

谢灵运祖上的庄园一侧靠近青山，周围是一带江水，环境清静幽雅，景色优美。他和当地的隐士交往，游乐，决定就在这里了此一生。谢灵运的山水诗大量涌现，许多人都争相传抄。他创作的《山居赋》景色秀丽迷人："石傍林而指岩，泉协涧而下谷。渊转渚而敬芳，岸靡沙而映竹。草迎冬而结范，树凌霜而振绿。"

谢灵运还有许多吟咏景色的美丽佳句如《悲哉行》中："灼灼桃悦色，飞飞燕异声。檐上云结阴，涧下风吹清。"写日月朦胧的传神佳句："眷西谓初月，顾东疑落日。"

在《登江中孤屿》一诗中写道："云日相辉映，空水共澄鲜。"在《游南亭》中写道："时竞夕澄霁，云归日西驰；密林含余清，远峰隐半规。"有一年冬天，谢灵运因生病而多日没有走出房间，当他病愈之后外出散步，才发现室外已是春意融融，他顿生灵感，马上提笔写下了《登池上楼》一诗。诗中佳句连连，其中最有名的一句是："池塘生春草，园柳变鸣禽。"谢灵运说这是天上的神功助我，因为我并没有费心思去想这句诗。

谢灵运还仿效民歌的形式写山水诗。如《东阳溪中赠答二首》："可怜谁家妇，缘溪洗素足，明月在云间，迢迢不可得。""可怜谁家郎，缘溪乘来的，但问情若何，月就云中堕。"在他写的一乐府诗中吟咏山水的佳句有："郁郁河边树，青青野田草。""连峰竞千仞，背流各百里。""习习和风起，采采彤云飞"等等。

谢灵运酷爱登山。而且喜欢攀登幽静险峻的山峰，高达数十丈的岩峰他也敢上。他登山穿一双木制的钉鞋，上山取掉鞋掌的齿钉，下山取掉鞋跟的齿钉，行走起来分外稳当。许多山水诗就是在攀山越岭之中写出来的。

恃才自傲

谢灵运年少才高，但他却恃才自傲；玩世不恭，敢于违抗权贵。他曾高傲地说："天下有一石，建安诗人曹植独得八斗，我得一斗，余下一斗由自古以来及现在的闻名之人共分。"

谢灵运自恃门第高贵，自以为在政坛上应受到格外的器重，殊不料反遭朝廷排挤，被调离京城建康，所以在郡心情烦闷，不理政务，一味纵情山水。平日写写诗文，以宣泄胸中块垒。一年后，称疾辞官。

由于谢灵运名气大，被征召为秘书监，还被指定撰修晋史。但时隔不久，谢灵运就看出皇帝对他表面上尊重，实际上"唯以文义接见"，只是要他充当一名文学侍从罢了，并无政治上加以任用的意思。不久，谢灵运再辞官归始宁，与朋友往来吟咏，或率领数百随从出入于深山幽谷，探奇觅胜。

会稽太守孟凯是个信佛教的人，谢灵运很看不上他。有一次当面讥讽他说："你升天可能在我前头，但成佛一定在我之后。"孟凯很生气。谢灵运常和山中隐士饮酒作乐，行为放荡不羁。他

历史的天空

中国历代隐士

们在会稽的千秋亭里醉酒后,竟一丝不挂地呼号,孟凯认为是和自己过不去,就派人告诫他。

谢灵运生气地说:"我自己大叫,关你糊涂人什么事?"孟凯本来对谢灵运就没有好感,因此乘机上表朝廷说谢灵运任意横行,百姓受到惊扰,有异志,要造反。

谢灵运很气愤,到京师上表说:"我从抱病回籍后,三年多幽栖于穷山绝壁之中,和外界几乎分离隔绝。我安分守己,以享余年,至今不知犯了什么罪?自古以来,虽然圣贤也免不了诽谤,但所谓造反者,一定要有生死结义、聚党集众者,或是勇冠乡里、天天舞刀弄枪者。从没听说文绉绉的书生和山林里的隐士有叛隐篡国的。"

谢灵运塑像

宋文帝看了奏本,明白谢灵运是被冤枉的,没有治谢灵运的罪。但谢灵运终究是得罪了不少人,最后还是被人陷害至死。可惜的是首创山水诗的大诗人死时才刚刚49岁。

道教隐士——王重阳

王重阳是世界道教主流——全真道的创立者，后被尊为道教的重阳开化辅极帝君与北五祖之一。原名中孚，字允卿，又名世雄，字德威，创道后改名王嚞，字知明，道号重阳子，故称王重阳。

创全真教

王重阳与北七真图

在金庸的武侠小说"射雕三部曲"中，曾提到过王重阳与《九阴真经》、"活死人墓""全真教七子"的恩恩怨怨。而事实上这些并非小说家杜撰，而是确有其事。

据史料记载，王重阳是陕西咸阳大魏村

重阳宫

人，由于看不惯入侵金兵的跋扈，他曾自掘一墓，独居其中，自称活死人墓。后来王重阳选择了隐居，在终南山一带参真布道，由于缺乏理想的继承人和追随者，他那创教立派的宏愿未能得以实现。

后来有人告诉王重阳，在当时胶东地区的昆嵛山一带，兴儒崇道，人才辈出，是创教立派的好地方，于是王重阳欣然前往。

在来到昆嵛山之后，王重阳一边修身布道，一边寻找徒弟，最终马丹阳、丘处机、刘处玄、谭处端、王处一、郝大通、孙不二等人拜在他的教派之下，成立了全真教，而这七个弟子，也被称为"海上七真人"。

据记载，在昆嵛山烟霞洞修炼期间，王重阳不仅确立了全真教的思想体系，而且还确立了全真教规，而全真教的七位弟子也与王重阳一起，结束了隐居生活，在胶东等地开始布道收徒，一

重阳宫外活死人墓

时间全真教成了当时北方道教的一支重要流派，与天道教两大宗，对峙南北。

其传世著作有《重阳全真集》，内收传道诗词约千余首，另有《重阳立教十五论》《重阳教化集》《分梨十化集》等，均收入《正统道藏》。

传统道教自南北朝寇谦之、陆修静改革、整顿后，历隋唐五代宋的漫长岁月，尤其到北宋末年，已呈现不景气趋势。以符籙派为主流的道教，支派争流，一些道流徇末遗本，出现一些流弊，引起社会一些不好的舆论。作为有识之道教知识分子，不能不思其改革。

王重阳是接受这一派的思想，以新的宗旨、修持方法对旧道教进行了大量的改革，进一步把老庄清静无为的思想贯彻到教义中。王重阳以《道德经》则尊道,主张无心忘言,柔弱清静。正心诚意,少思寡欲。注重修行,分为真功和真行。真功即内修,其修持大略以识心见性,除情去欲,忍耻含垢,苦己利人为宗。

全真因内修"求返其真",主张功行双全,以期成仙证真,所以叫"全真"。这种内修主要是修养精神,即性,也称为性功,全真教既修性,也修命。真行即外修,主张济世度人。

全真抗金

王重阳一生在女真人统治下的金代从事宗教活动,从来没有反抗过金国朝庭。王重阳融道、佛、儒思想于一炉,声称"儒门释户道相通,三教从来一祖风"。他主张三教平等、三教合一,并以《道德经》《般若心经》《孝经》为全真道徒必修经典。王重阳的修行方式客观上很适合女真和蒙古统治者的需要。

女真和蒙古统治者入主中原,最伤脑筋的就是没有好办法化解民族矛盾,而王重阳的清修主张正好消磨汉人反抗异族统治的斗志,有利于缓解民族矛盾和巩固异族君主的统治地位,所以王重阳创立的全真派在金元两个外族统治时代得到迅猛发展,并得到了官方的全力支持,王重阳也从而被元朝皇帝先后册封为"重阳全真开化真君"和"重阳全真开化辅极帝君"。

全真教的活动中心也固定到首都燕京,建立了太极观,并成为全真派的最高殿堂。

郁闷隐士——商山四皓

"商山四皓"是指秦朝末年四位博士：东园公唐秉、夏黄公崔广、绮里季吴实、甪里先生周术。他们是秦始皇时七十名博士官中的四位，分别职掌：一曰通古今；二曰辨然否；三曰典教职。后来他们隐居于商山，曾经向汉高祖刘邦讽谏不可废去太子刘盈。后人用"商山四皓"来泛指有名望的隐士。

四位隐士

元前 200 年左右的东园公唐秉、甪里先生周术、绮里季吴实和夏黄公崔广四位著名学者。他们不愿意当官，长期隐藏在商山，出山时都 80 有余，眉皓发白，故被称为"商山四皓"。

绮里季是汉代的一位著名隐士，是"商山四皓"之一，他曾力谏汉高祖刘邦废太子之事。绮里季与东园公、夏黄公、甪里这四位饱学之士先后为避秦乱而结茅山林。

甪里先生是汉代的一位著名隐士，是"商山四皓"之一，高祖尝召之为官，不至。

夏黄公又称黄石公，一说本是齐国人，因隐居夏里修道而得名。秦末天下大乱，四位老人为躲避战乱而隐居商山。汉高祖曾召夏黄公入廷为官,辅佐太子。传说张良年轻时曾得到黄石公的指点。张良在圯桥替黄石公"三次进履",得黄石公送的一部《太公兵法》。黄石公后来回故里隐居,并在鄞西一带行医。

传说黄石公逝世于黄古林,享年九十余岁,葬于余姚覆船山。

黄石公有一女儿名叫黄姑,继承父志,在乡里行医看病。四皓隐士夏黄公,为东周、秦、汉时的著名三朝儒学文人之一。他因与东园公、甪里先生、绮里季三人在秦朝时不满秦始皇的焚书坑儒暴行,遂在秦及汉初同时隐居于陕西的商山。

他们的事迹经常进入历代文献对《易经》中的相关"贞寿、颐寿、

商山四皓图

65

隐德、嘉遁"等词义注解或条文解释，"须眉皓白"一词，也因他们的"四皓"而出。

夏黄公秦时曾为朝廷的博士，据《史记》记载：刘邦曾多次相邀他们四人出仕，但都被拒绝。后刘邦欲改立戚氏所生的赵王如意为太子，吕后听了很着急，张良就献策请来了四皓以辅助太子，终于使太子的地位得以保住。但在太子刘盈即位汉惠帝后，朝政大权旁落其母吕后，四人预感报国无望，就又重归深山隐居。后来夏黄公终老夏禹故里，葬于姚江南岸的覆船山。为了永世纪念他的功德，乡民将夏黄公墓的渡口，历世称为夏墓渡。

大隐为古句章的发祥地之一，因传为大禹的石钮村故里，故有"夏里"之称。"夏黄公"实际是"夏里黄公"的一种简称，故也有"大里黄公"的称呼。

传奇事迹

刘邦登基后，立长子刘盈为太子，封次子如意为赵王。后来，见刘盈天生懦弱，才华平庸，而次子如意却聪明过人，才学出众，有意废刘盈而立如意。刘盈的母亲吕后闻听，非常着急，便派自己的哥哥建成侯吕释之去请开国重臣张良出面。

商山四皓图

历史的天空

中国历代隐士

吕释之对张良说:"您是皇上的亲信谋臣,现在皇上想要更换太子,您岂能高枕而卧?"张良推辞道:"当初皇上是由于数次处于危急之中,才有幸采用了我的计策。如今天下安定,情形自然大不相同。更何况现在是皇上出于偏爱想要更换太子,这是人家骨肉之间的事情。清官难断家务事啊!这种事情,就是有一百个张良出面,又能起什么作用呢?"

吕释之恳求张良务必出个主意。张良不得已,只好说:"这种事情,光靠我的三寸不烂之舌恐怕难以奏效。我看不如这样吧!我知道有四个人,是皇上一直想要而又未能如愿的。这四个高人年事已高,因为听说皇上一向蔑视士人,因此逃匿山中,不作汉臣。然而皇上非常敬重他们。如果请太子写一封言辞谦恭的书信,多带珠宝玉帛,配备舒适的车辆,派上能言善辩之人去诚恳聘请他们,他们应该会来。然后以贵宾之礼相待,让他们经常随太子上朝,使皇上看到他们,这对太子是很有帮助的。"于是吕氏兄妹和太子当真把这四个后人称之为"商山四皓"的老人请来了,把他们安顿在建成侯的府邸里。

在一次宴会中,太子侍奉在侧,四个老人跟随在后。刘邦突然见那四个陌生的老人,都已八十开外,胡须雪白,衣冠奇特,非常惊讶,问起他们的来历,四人道出自己的姓名。

刘邦听了大吃一惊:"多年来我一再寻访诸位高人,你们都避而不见,现在为何自己来追随我的儿子呢?"

四个老人回答:"陛下一向轻慢高士,动辄辱骂,臣等不愿自取其辱。如今听说太子仁厚孝顺,恭敬爱士,天下之人无不伸长脖子仰望着,期待为太子效死,所以臣等自愿前来。"刘邦说:"那就有劳诸位今后辅佐太子了。"

四人向刘邦敬酒祝寿之后就彬彬有礼地告辞而去。刘邦叫过戚夫人，指着他们的背影说："我本想更换太子，但是有他们四人辅佐，看来太子羽翼已成，难以动他了。吕雉这回真是你的主人了！"戚夫人大哭。刘邦强颜欢笑："你给我跳楚舞，我为你唱楚歌。"刘邦便以太子的事件即兴作歌："鸿鹄高飞，一举千里。羽翼以就，横绝四海。横绝四海，又可奈何！虽有矰缴，尚安所施！"

毫无疑问，商山四皓一出马，立刻让刘盈岌岌可危的太子之位变得稳如泰山，可见隐士的名气确实管用。

虽然商山四皓保住了太子的位置，但是凡鸟终归是凡鸟，即使飞上枝头也变不成凤凰。虽然有四位名师，但是恐怕是用来装点门面而已，而这也导致了后来的吕后专政。如果商山四皓地下有知，看到刘盈如此懦弱无能，只怕郁闷是免不了的了。

商山四皓图

竹林隐士——嵇康

嵇康字叔夜，谯国人。身长七尺八寸，风姿杰出，举止爽朗，文学、玄学、音乐等无不博通。他娶曹操曾孙女长乐亭主为妻，曾任中散大夫，史称"嵇中散"。七贤中的山涛说："嵇康个性如孤松一样独立于世；喝醉时，巍峨地像即要崩塌的玉山。"另一位王戎也说："认识嵇康二十年，从没看过他有什么欢喜快乐的样子。"

嵇康严肃，也像松柏一样固执、刚健。田野里，不低头的草是注定要被割的。有一次嵇康游于山中，碰到一个道士，名叫孙登，两人结伴同行。临别之时，孙登说："君才则高矣，保身之道不足。"

嵇康隐居后，锻铁以自给，虽然不说人坏话，但光是"不理会"这些权贵，就足以得罪他们了。最可怕的一次，就是惹火了钟会。钟会拜访嵇康，把排场弄得很大；嵇康正在打铁，不以为然且态度极冷漠，连头都没抬起来。钟会觉得自讨没趣，起身要走，嵇康说："何所闻而来？何所见而去？"钟会说："闻所闻而来，见所见而去！"

无端迫害

七贤中的山涛想要辞官,上面要他举荐贤能人士代替,山涛就把嵇康给端了出来。嵇康听说,洋洋洒洒写了一篇《与山巨源绝交书》,主张人各有志,时空的转变,与个人志趣的差异,都将造成人生抉择的不同。穷困、显达并不会影响生命的价值,重要的是循顺天赋的性情,各遂其志。

嵇康举了三国时代的两个例子:华歆不强劝管宁为卿相,诸葛亮不逼徐庶入蜀,这都是真正相知的朋友。又影射司马氏"非汤武而薄周孔",说他不屑在这样虚伪乱搞的政权下面做官。他还要教养两个小孩,女儿十三岁,儿子八岁,但愿守着陋巷,教养子孙,时常见见亲友聊天,陈述平生,喝酒一杯,弹琴一曲,也就全了今生志愿。这也是《与司马昭绝交书》。

司马昭当然也看到《与司马昭绝交书》,加上眼前红人钟会挑拨,新仇旧恨一起发作,当然要找个理由整整嵇康。正好嵇康有个好朋友,名叫吕安,是个"志量开阔,有拔俗气"的人,但吕安却有不安好心的哥哥吕巽,看上弟弟的妻子,与她私通。

嵇康原本也把吕巽当朋友,十分失望,又写了封绝交书给吕巽。吕安戴了绿帽子,气得不得了,想要举发哥哥,嵇康又劝吕安不要发作,保身重要。不料吕巽这家伙竟然先下手为强,诬告弟弟吕安"不孝"!嵇康挺身而出,写了《与吕长悌绝交书》,并为好友辩护。司马昭、钟会大喜,不但马上把吕安逮补下狱,又随便在吕安写给嵇康信里挑个毛病,也把嵇康打入大牢!

在狱中的嵇康面对着无端的迫害,心中不平,写了一首《幽愤诗》,坚持自己的理想,谴责压迫者与他们走狗的作恶多端。嵇康入狱,全洛阳城为之哗然,竟然有三千名太学生上书请愿,甚至有人愿意陪狱!这三千太学生的请愿,被司马昭与钟会解读成"嵇康有巨大的影响力,腐败人心",当场决定处死嵇康。

临刑前,嵇康对十岁的儿子嵇绍说:"只要山涛在,他就会照顾你的。"嵇康优雅从容,索琴弹曲《广陵散》,曲毕,感慨《广陵散》即将从此湮灭,场面悲壮,举国大恸。嵇康是硬脖子的隐居派,虽然被司马昭害死,也算是死得有美感了。

嵇康是一位集作曲、音乐理论、古琴演奏家为一身的音乐全才。嵇康创作的《长清》《短清》《长侧》《短侧》四首琴曲,被称为嵇氏四弄,与蔡邕创作的蔡氏五弄合称九弄,是我国古代一组著名琴曲,历来受到琴家的推崇。

隋炀帝曾把弹奏《九弄》作为取士的条件之一。嵇康还以论辩的形式,层层深入地阐明他的音乐美学观点,他与丝竹结下不解之缘,精于笛,妙于琴,还善于音律。

嵇康游洛阳时,一天夜晚在华阳亭弹琴,突然有位客人来到嵇康的身边,和他谈论起音律来了,且谈得很投机。过没多久,这位不知名的客人并向嵇康借琴弹了一曲,是为《广陵散》。因为这首曲子的声调非常绝妙,很动听,吸引着嵇康,所以嵇康请求

竹林七贤

把这首曲子传授给他。这位客人要嵇康答应他不把这首曲子传给其他人，才肯教他。客人在教完后要离去时，并没有留下姓名，所以到现在也不知道这位神秘的客人是谁。

一天，嵇康兴致来了，拿着琴去造访山涛。山涛很高兴地拿酒请他喝，两个人谈得很是契合。山涛喝酒喝得多了，想把嵇康的琴给毁了，认为有希望让嵇康去做官。嵇康不答应说道：我把所有的祖业都卖掉而买这张琴，又向尚书令要求河轮玉佩来裁成琴徽，再变卖我的玉廉，来买丝绒作成琴衣，如果要说这张琴的价值的话，我想比晋国的武库还值钱。你如果把琴给摔毁了，那我也只好去死了。可见嵇康爱琴胜过于他的生命。难怪后来当他被害受刑时，一点也没惧怕了。

嵇康生于魏晋之时，是典型的乱世。二十多年间，在魏国，司马氏集团与曹氏集团为政权展开了激烈的争斗，最后司马氏得胜，曹氏集团中人几乎被杀绝。嵇康因名重当世，又是魏武帝孙子沛王曹林的女婿，自然在被疑忌之列。

在司马家政治集团做大后，他决心以不合作主义，弃官归隐，逃入山林，与竹林七贤相与邀游，过着一种悠然自得的名士生活。袁颜伯《竹林七贤传》云：嵇叔夜尝采药山泽，遇之于山，冬以被发自覆，夏则编草为裳，弹一弦琴，而五声和。正因嵇康这种愤世嫉俗的表现，使他在音乐创作与演奏上才取得了引人注目的成就。

嵇康是魏晋朝音乐的象征，而他在临终前所弹奏的那曲《广陵散》则是嵇康本人的象征。《广陵散》是古代一首大型琴曲，它至少在汉代已经出现。其内容向来说法不一，但一般的看法是它描写聂政刺韩王的故事。讲的是战国时期铸剑工匠之子聂政，为报杀父之仇，向一个仙人学琴，历时十年，练成绝艺。韩王召聂政进宫弹琴，聂政将刀藏入琴，当韩王聚精会神听琴时，拔出刀来刺死韩王，然后自杀。

这是一曲歌颂古代义士的悲歌，旋律激昂、慷慨，它是我国现存古琴曲中唯一的具有戈矛杀伐战斗气氛的乐曲。此曲不是嵇康所作，但嵇康喜欢弹奏此曲，又因临刑索弹《广陵散》，使这首古典琴曲名声大振，并随着他的被杀而变成绝响。

隐于竹林

嵇康回归自然，超然物外得自在，不为世俗所拘，而又重情谊。

《文士传》里说嵇康"性绝巧，能锻铁"。嵇康爱好打铁，铁铺子在后园一棵枝叶茂密的柳树下，他引来山泉，绕着柳树筑了一个小小的游泳池，打铁累了，就跳进池子里泡一会儿。见到的人

嵇康雕塑

稽康抚琴图

不是赞叹他萧萧肃肃，爽朗清举，就是夸他肃肃如松下风，高而徐引。

稽康是为了躲避政治的漩涡隐居山阳的竹林。据说，竹林在山阳县东北二十里处，那里有修竹茂林，清川流泉，是个幽静雅致的绝佳处。

山东高平之山阳郡，为魏代兖州部山阳郡高平县制，即今山东省金乡县西北四十里一带。江苏淮安之山阳国，为东汉建武十五年光武帝刘秀所封，后因大运河而著名。焦作山阳城即为西周初年蔡叔度监督武庚、战国时魏邑、秦代嫪毐为长信侯、西汉河内郡山阳县、东汉汉献帝皇子刘懿为山阳王时的城池。

战国时山阳城为魏邑经济中心。今修武县五里源乡李固村南之山阳之浊鹿城是汉献帝刘协四十岁后在此度过余生之地。河内山阳县稽公故居位于辉县市吴村镇鲁庄与山阳村之间。稽康诗中所言之北山，应该是位于其西北方向辉县薄壁镇境内的白鹿山脉。

盛世隐者——孟浩然

孟浩然，世称"孟襄阳"。浩然少好节义，喜济人患难，工于诗。年四十游京师，唐玄宗诏咏其诗，至"不才明主弃"之语，玄宗谓："卿自不求职，朕未尝弃卿，奈何诬我？"因放还。未仕，后隐居鹿门山，著诗二百余首。因他未曾入仕，又被称为"孟山人"。孟浩然与另一位山水田园诗人王维合称为"王孟"。

人生轶事

公元728年，时年已经40岁的诗人孟浩然来到京城长安参加进士考试，但他却落第了。不用说，他此时的心情极为郁闷。而他在湖北襄阳隐居时就曾努力读书写作，30年来，他真可谓拥有了满腹文章，而且他也得到诗人王维和宰相张九龄的大力赞扬，使得孟浩然在长安也颇有诗名。但他在应试时却竟然失利，不难想象，他内心里自然也就更为懊丧了。

早些时候，孟浩然还记得在一次诗人聚会时，因他诗中有一联"微云淡河汉，疏雨滴梧桐"，便深深赢得大家的一致赞赏，以为像这样清绝的作品一般人是难以写得出来的。对此，诗人自然也颇为自负。但命运就是喜欢跟他闹着玩儿，他在这次原以为胜券在握的考试中居然又未能如愿！

他也曾想直接给皇帝上书，要求面试以求取功名，但生性清高的诗人一时又觉得难以启齿，所以，事情就在这样犹犹豫豫中给拖着了。然而，假如就这样两手空空儿地回返老家，那他心里无疑又是很不愿意的，毕竟这次出来的目的还远远未能达到。于是，他遂在好友王维的住处写了一首题为《岁暮归南山》的诗，用以表明自己这种进退维谷的心境。

孟浩然塑像

刚写罢诗，王维就进来了，一眼瞥见孟浩然这首新作写的是：北阙休上书，南山归敝庐。不才明主弃，多病故人疏。白发催年老，青阳逼岁除。永怀愁不寐，松月满窗虚。

刚读一遍，王维便很是欣赏了，但他又不觉极为感叹。他不是不想帮好友的忙，但如今又如何才能帮得上一个真正的大忙呢？正在苦思冥想之际，忽然有小书童急匆匆地过来向王大人报告：皇上就要驾临了！王维一听，心里便不由慌张起来，该怎样把孟浩然推荐出去而又不违背圣旨呢？而此时的孟浩然则无疑更为紧张，他想要就此去叩见皇上，但只是如今，他的身份？

正在此时，玄宗的脚步声越发近了；眼看着玄宗就要推门进来，王维遂把孟浩然往他床底下一指并轻轻一推，自己则慌忙出来迎接皇上大驾光降。等待玄宗坐定，此时，王维却也不敢隐瞒这房间里还藏有诗人孟浩然；因为他知道皇帝万一知道后，这"欺君之罪"的结果会是什么。

玄宗在获悉眼下即有知名诗人孟浩然在此，也很高兴地对王维说道："此人的诗名朕早就知道了，现在他既然在这里，那就请出来见见何妨！"这样，当下便有诏命孟浩然出来叩见皇上。玄宗和蔼地询问孟浩然："爱卿带来了诗作吗？"孟急忙奏道："因来得匆忙，偶然间还没带呢。"玄宗便笑着说："诗人嘛，能有不当场写作的么？卿如今当场给朕赋上一首何如？"这样，孟浩然遂把刚才才写好的诗作以一种抑扬顿挫的语调朗吟起来：北阙休上书，南山归敝庐。不才明主弃……

正当听到"不才明主弃"，还没等到孟浩然把全诗念完，玄宗就极不耐烦了，一挥手便蛮横地叫孟浩然停下来，忿然道："要知道，这只是卿不来求官而已！事实上，朕却并未抛弃卿呀，而卿却居然在诗中要来诬陷我了！"说完，他遂让孟浩然回归终南山去了。

在求官路上碰了一鼻子灰的诗人孟浩然，只得失意地离开了京城长安，但由于他那卓绝的诗才，历来就成为评论家们几乎是一致赞赏的对象，这恐怕正是玄宗所始料未及的。而人生的道路无疑有很多条，所谓"条条道路通罗马"，即是其形象化的说法；而诗人孟浩然的最终成就也证明了他不做官，也依然能成为我国文学史上事功彪炳的人物之一。这当然绝不是偶然的，这是因为诗人并没有自暴自弃地对待人生。因为只要做到自重并去发愤图强了，这样，即便是拥有最高权力的人物也奈何不了你奋力前行的步伐。

仕途打击

经历此事，孟浩然大受打击，觉得掉了隐士的身价，因而心灰意懒，形骸也开始放浪起来。后来韩朝宗入京，决定带上孟浩然一起去，以便向朝廷推荐。但孟浩然因为与人喝酒，错过了出发的时间。韩朝宗大为生气，独自而去。"浩然亦不悔也"。也许到此时，他总算明白了，写诗和做官是两码事。

孟浩然绝非与世无争者，他一生都是在为怀才不遇而忧郁的，然而孟浩然毕竟是孟浩然，不是李白、杜甫，他没有将悲悯、羞愧、怨恨、激愤等情绪集中强化，采用外向的方式跟不平污浊的社会抗争，而是采用内向的方式净滤思想，将亢奋怨怒之情分散、淡化、转移，使自己的心灵归向于旷达超逸。

孟浩然年轻时就对家乡襄阳鹿门山的东汉时隐士庞德公十分景仰，曾登山探寻和凭吊庞德公的遗迹，并曾效法庞德公长期隐居鹿门山，以诗自适。

孟浩然对陶渊明也心仪已久，经历了"中年废丘壑，上国旅风尘"这一番徒劳的科考奔波，带着心灵的创伤回乡之后，诗人更加倾心于陶渊明似的田园生活，努力侦破世象和自我的虚幻性，企想身世两相忘，获得闲寂之乐，最终达到无我、坐忘、不染心的境界。

孟浩然徜徉于山水胜境凭借湖光水色澄洗忧心，借助于陶庞隐逸的效法、释道思想的启迪、山水风物的陶冶，将理想与现实、个人与社会、仕进与隐退的人生矛盾都自我缓解，淡化了人生理想与社会理想，做到了仕进有望则仕进，仕进无望则隐栖，思想上不固置于仕进，行动上不抗争于世，一心只求精神平衡、心灵安逸。

闻一多先生说："正如当时许多有隐士倾向的读书人，孟浩然原来是为隐居而隐居，为着一个浪漫的理想，为这对古人的一个神圣的默契而隐居。"绝非夸大其词，李白的诗也绝不是对孟浩然的偏爱之词，孟浩然绝对称得上或者至少是在当时绝对称得上是一位真隐士。

孟浩然衣冠冢

真正隐者——王维

　　王维,公元701年,生于蒲州。他才华早显,与其小一岁的弟弟王缙幼年均聪明过人。十五岁时去京城应试,由于他能写一手好诗,工于书画,而且还有音乐天赋,所以少年王维一至京城便立即成为京城王公贵族的宠儿。

　　有关他在音乐上的天赋,《唐国史补》曾有这样一段故事:一次,一个人弄到一幅奏乐图,但不知为何题名。王维见后回答说:"这是《霓裳羽衣曲》的第三叠第一拍。"请来乐师演奏,果然分毫不差。在诗歌方面,有他十五、十七、十八岁时写成的有文字记载的资料。可见,他在十几岁时已经是位有名的诗人了。这在诗人中是罕见的。当时,在那贵族世袭的社会中,像王维这样多才多艺的资质,自然会深受赞赏。因此,他二十一岁时就考中了进士。

归隐之路

　　出仕后,王维利用官僚生活的空余时间,在京城的南蓝田山麓修建了一所别墅,以修养身心。该别墅原为初唐诗人宋之问所有,那是一座很宽阔的去处,有山有湖,有林子也有溪谷,其间散布着若干馆舍。王维在这时和他的知心好友过着悠闲自在的生活,这就是他半官半隐的生活状况。

　　一直过着舒服的生活的王维，到了晚年却被卷入意外的波澜当中。玄宗天宝十四年爆发了安史之乱。在战乱中他被贼军捕获，被迫当了伪官。而这在战乱平息后却成了严重问题，他因此被交付有司审讯。按理投效叛军当斩，幸其在乱中曾写过思慕天子的诗，加上当时任刑部侍郎的弟弟的求情，恳请将其官职等换其兄性命，王维才得免于难，仅受贬官处分。其后，又升至尚书右

王维像

丞之职。

王维早年有过积极的政治抱负，希望能做出一番大事业，后值政局变化无常而逐渐消沉下来，吃斋念佛。四十多岁的时候，他特地

王维塑像

在长安东南的蓝田县辋川营造了别墅和在终南山上，过着半官半隐的生活。《辋川闲居赠裴秀才迪》这首诗是他隐居生活中的一个篇章，主要内容是"言志"，写诗人远离尘俗，继续隐居的愿望。诗中写景并不刻意铺陈，自然清新，如同信手拈来，而淡远之境自见，大有渊明遗风。

盛唐在初唐这个隐逸过渡期之后，迅速形成了具有入世功利性倾向的隐逸风尚。这一时期的文人士子们踌躇满志，一部分人以退为进，以"隐"求仕，他们在隐逸时全无消沉颓废之情，即使偶尔流露出伤感，也只是表面，其骨子里并非真正要遗世独立，隐逸终身，也并未与政治仕宦彻底握手作别，而是以退为进，待机而动，这一点既与魏晋为了全身远祸的隐逸不同，也与六朝时附庸风雅的隐逸有别。使这一时期的士大夫们与国家的双边

矛盾在新的机遇期实现了最大程度上的调和，王维就是这一时期隐士的典型代表。

王维早年受儒家思想熏陶，胸怀壮志，奋发进取，积极向上，他认为一个人要想成就大事，就必须从少年时做起，否则，光阴流逝，青春磨灭，那就只能空自悲叹，他在诗作《少年行》中这一观点表现得尤为突出，但严峻的现实却完全打破了他天真的幻想。

他早期的《洛阳女儿阳》《西施咏》等诗都讽世之作，表达了自己怀才不遇的苦闷和对现实的不满。王维的首次隐居是十五岁时离家赴长安，并在十八岁左右曾至洛阳，为少年隐居之举，隐居地点在洛阳东北的郊县，是为出仕而隐。同时有史可考的真正意义上王维的首次隐居大约发生他擢第后的第七个年头，当时王维被贬为济州司仓参军，仕途上这一挫折，使他感到愤懑不平，觉得前前途渺茫，在济州，结识了不少政治失意的下层知识分子，对社会的黑暗也有了进一步认识，在思想上萌生了退隐之心。

开元十四年春，王维离济州司参，又一次被外放，到淇上去做微官。《偶然作六首》其三云："日夕见太行，沉吟未能去。问君何以然？世网婴我故。小妹初长成，兄弟未有娶。家贫禄既薄，储蓄非有素，几回欲奋飞，踟蹰复相顾。"可见诗人由于士宦不得意，抱负难以施展，早已有归隐的打算了。

王维于开元十六年，诗人即弃官在淇上隐居，《淇上即田事园》云："屏居淇水上，东野旷无山。日隐桑拓外，河明间井间。隐居于宁静，猎犬随人还。静者亦何事，荆扉乘昼关。"

隐居于宁静幽美的田园之中，诗人的内心是恬静闲适的。但

是,他的用世之志并没有因此而销尽。而且他当时是而立之年,并不甘心埋没于山野,原本希望寻求合适时机,再图进取,但因投报无门,便只好闲居京城,并于本年开始从在荐福寺道光禅师学顿教,后来,王维在开元二十七年写过一篇《大荐福寺大德道光禅师塔铭》,文中有"维十年座下,俯伏受教"之语,即可证明此事。

开元二十一年十二月,张九龄拜相,王维认为机会已到,就献诗张九龄请求提拔,施展抱负。献诗后王维即到嵩山隐居,地近东都,这里里可待机会出仕,这次与上次淇上隐居不同,而为出仕而隐。果然,开元二十三年春,张九龄即擢升王维为右拾遗,在东都任职。这时王维精神振奋,富有积极入仕的热情。但在李林甫的打击下,张九龄于开元二十四年十一月罢知政事,二十五年四月左授荆州长史,这也使诗人感到沮丧,《寄荆州张丞相》说:"所思竟何在?怅望深荆门,举世无相识,终身思旧恩。方将与家圃,艺植老丘园。日尽南飞鸟,何由寄一言。"表示自己要退出官场,隐居躬耕。

诗人由热衷于进取到黯然思退,为时不过短短两年左右,若不从政治失意着眼,这是很难找到中肯的解释的。开元二十九年春,他自岭南还长安后,终于决定辞官在终南隐居。王维这次归隐,是有着政治方面的原因的,《谒璇上人》说:"少年不足言,识道年已长。事往安可悔?余生幸能养。誓从断荤血,不复婴世网,浮名寄缨佩,空性无羁鞅。"这首诗作于开元二十九年春诗人自岭南北归途中,由它可以看出王维这次隐居时的精神状态。

王维隐居终南为时不过一年左右,天宝元年初,又出山当了左补阙的官,当时时局并没有起变化,李林甫继续大权独揽,为

王维《长江积雪图》

什么诗人却要复出呢，家贫应是原因之一，我们知道，士人要归隐，首先必须有田园，如果只是薄有田产，必须躬耕才能维持家计，那么隐居也是很难继续下去的，因为那些自小即与诗书打交道的文士，全靠自己种地养活自己，实在太不容易了。

《旧唐书·王维传》称维"事母崔氏以孝闻"。竭尽全力奉养父母，使其安乐晚年，也是其复出的另一个原因，当然，还有另外一个原因，不愿过清苦的生活。自官左补阙后，这是王维作为隐士之"隐"的一个重大转折点，他身在朝廷，心存山林，与其说过着半官半隐的生活，不如说过着"心隐"的生活更为贴切，但这一时期的心态与隐居终南时的心态没有本质的差别。

这一时期随着王维的年纪老大和涉世久深，他青少年时期那种蓬勃的朝气已明显消褪，从政热情不再像先前那样饱满，理想抱负不再像先前那样远大，思想锋芒也不像以前那样锋锐，尤其是李林甫专权后，他对政治更是心灰意懒，无精打采，开始走上一条回避现实社会，追求各人闲适的生活道路。

王维的隐有其深刻的社会历史及自身经历方面的多种原

因，但同时也代表了读书人入仕与出仕的人格矛盾性，这是儒家强调出世纲常名教所给人性带来的束缚和佛家强调人身性自如、超脱远世给人性带来的轻松自在之间调适所做的一种尝试。

全隐生活

王维四十三岁到五十六岁的十多年间一直生活在辋川，辋川位于蓝田县南约五千米的山里之间，是秦岭东段北麓的一条川道。源出秦岭北麓的辋川流经川道，从谷口两峰之间泻出而流入灞河。因为诸谷水汇流如车辋环辏，故称辋水，而川亦因此而得名称作辋川。

终南之秀钟蓝田，茁其英者为辋川。这里秀峰林立，绿水潺潺，风景优美，环境幽静。《辋川志》称："继而王维作别业于斯，辋川之名始胜。"王维购得山庄后，精心加以修复营建，并依据山川的自然形势，从诗人的审美情趣出发，在绵延近二十里的川道及山坡上，营造了华子冈、茱萸片、竹里馆等二十个景区，遂使辋川别业闻名于世。

王维生活在辋川，创作在辋川，辋川成为诗人活动的中心。《辋川

王维禅诗中的意象

历史的天空

中国历代隐士

集》为王维、裴迪诗作的合集。

王维与其诗友裴迪，为蓝田辋川二十个景点各写一首五言绝句，共四十篇，由王维亲自结集并序，是为《辋川集》。其中可以明显的看到王维晚年全然的隐逸思想。

《竹里馆》里描画的是淡雅脱俗、遗世独立的境界；《辛夷坞》是看破生死的达观，虽然有几分落寞，但禅的无生观念在落寞中注入一种超脱乃至崇高的意味。

诗人还有很多类似的山水诗。在这些山水诗中，诗人凭借自己对人生的观照，对自然的体悟，对生命的思索，创造乐许多具有象征意味的超时间的封闭式整体空间，他以空山为空间的中心，配以明月、清泉、翠竹、山花……搭建出一个诗意的世界。

《鹿柴》中："空山不见人，但闻人语响。返景入深林，复照青苔上。"写出了空山静寂，深林幽暗，却让人想起这地是鹿活动的场所，境界含蓄，耐人寻味。

王维的《斤斤竹》云："檀栾映空曲，青翠漾涟漪。暗入商山路，樵人不可知。"诗人写了斤斤竹上的竹林景色。前两句写斤竹与檀栾树相映，倒影随水波荡漾。是为实写，以突出斤竹的青翠纷披。后两句由实入虚，想象斤竹直向渺远的商山路延伸，连打柴之人也不知其深远。

借助于虚实结合的艺术手法，展现出斤竹林勃发旺盛的生机与深幽莫测的景象，创造了一个清幽、静谧的艺术境界，也就是作者理想中的"桃花源"式的境界。

才子隐士——唐寅

唐寅,字伯虎,明朝著名的画家、诗人。据说他于明宪宗成化六年庚寅年寅月寅日寅时生,故取名为寅。唐寅玩世不恭而又才华横溢,诗文擅名,与祝允明、文征明、徐祯卿并称"江南四大才子",画名更著,与沈周、文征明、仇英并称"吴门四家",又称为"明四家"。

艺术造诣

唐寅早期绘画,"远攻李唐""近交沈周"。早期拜吴门画派创始人沈周为师。沈周和周臣都是当时苏州名画家,沈以元人画为宗,周则以南宋院画为师,这是明代两大画派,唐寅虽师周臣,却有胜蓝之誉。

唐寅兼其所长,在南宋风格中融元人笔法,一时突飞猛进,以至超越老师周臣,名声大振。唐寅画得最多也最有成就的是山水画。唐寅足迹遍布名川大山,胸中充满千山万壑,这使其诗画具有吴地诗画家所无的雄浑之气,并化浑厚为潇洒。他的山水画大多表现雄伟险峻的重山复岭,楼阁溪桥,四时朝暮的江山胜景,有的描写亭榭园林,文人逸士悠闲地生活。山水人物画,大幅气势磅礴,小幅清隽潇洒,题材面貌丰富多样。

由于唐寅作画很少在画上注明年份,且他的画风变化也不很有规律,所以很难推测出他作画的时间,也就难以按照时间来划分他的画风变化进程。

唐寅在拜周臣为师后,主要是宗南宋院体,但其画有时也有与沈、文画风相近的作品,如《南游图》。这是唐寅三十六岁时当琴士杨季静离开苏州时赠送给他的。

唐寅擅长写意花鸟,活泼洒脱、生趣盎然而又富于真实感。传说唐寅所作的《鸦阵图》挂在家中,有一天有数千只乌鸦纵横盘旋在屋顶,恍若酣战,堪称奇绝。

唐寅花鸟画的代表作是《枯槎鸲鹆图》。其构图用折枝法,枯木枝干由右下方弯曲多姿地向上伸展,以枯笔浓墨画之,苍老挺拔。以积墨法画一只栖于枝头的八哥,正引吭高鸣,树枝似乎都在应节微动,从而显现出自然界生命律动的和谐美。秃笔点叶,一两条细藤与数笔野竹同枯树上的老叶画在一

唐寅作品

起,增添了空山雨后幽旷恬静与清新的气氛。右上角题诗为:"山空寂静人声绝,栖鸟数声春雨余。"诗画映发,对象的神态和画家的情趣融为一体,寄寓了超凡脱俗的思想。

这幅画在画法上属小写意,一路运腕灵便,以书法入画,以写代描,笔力雄强,造型优美,全画笔墨疏简精当,行笔挺秀洒脱,形象饶有韵度,从中可以窥见唐寅在探讨写意技法和开拓花鸟画新境界方面的卓越建树。

唐寅的水墨花鸟画基本上是以水墨提炼形象,墨韵明净、生趣盎然。其著名的还有《雨竹图》,画面以二组浓叶为主枝,后出淡叶,再出叶数笔以相呼应,叶均向下急趋,一派雨打竹叶之势。

唐寅书法源自赵孟頫一体,风格丰润灵活,俊逸秀拔,几为画名所掩。中年的山水画,主要宗法周臣,而周臣的山水画师法南宋的李唐和刘松年,因此唐寅的画又可上溯至南宋李唐、刘松年为代表的院体画派。他在老师周臣影响指导下,学到了宋人笔法严谨雄浑、风骨奇峭的风格。同时他又参合了马远、夏丰的构图和笔墨技巧,并广泛地涉猎北宋李成、范宽、郭熙和元代的黄公望、王蒙诸大家的长处,融会贯通,逐渐形成自己的风格。

画面布局严谨整饬,造型真实生动,山势雄峻,石质坚峭,皴法斧劈,笔法劲健,墨色淋漓。唐寅的山水画之所以有这样大的艺术成就,一方面是由于他能打破门户之见,无论北方画派、江南画派,还是南宋的院体及元代文人山水画,近及沈周和周臣等名画师,他都认真学习,博采众长,革新创造。最后形成自己的画风。

他的作品气魄雄伟壮阔,造型严谨准确,笔墨精湛高深,都超过了同时代的一些画家。唐寅的仕女、人物画,大致没有逾越

唐寅作品

南宋人物画的藩篱，尤其是他的敷施重彩的工笔人物画，无论是那种明眸、皓齿、红颜、粉颊，还是南宋院体画的遗风。

唐寅不仅是一位著名的画家，而且是一位诗人。他创作的诗，据不完全的统计，约有 600 余首。其诗风婉华丽，通俗流畅，即兴抒怀，以才情取胜。诗文的内容多为揭露社会矛盾，抒发不平之气，具有较强的思想性。

不济仕途

唐寅祖籍晋昌，所以在他的书画落款中，往往写的是"晋昌唐寅"四字。北宋时唐氏家族南迁，开始来到南京、苏州经商。唐寅就出生在苏州府吴县吴趋里一个普通家庭。唐寅一生共有三位妻子，十九岁时娶徐氏，是徐廷瑞的次女，但在她大约 24 岁的时候病逝。后来可能又娶有一室，但碰到科场弊案的牵累而离去。后娶沈氏，或名九娘，唐伯虎自幼天资聪敏，熟读四书、五经，并博览史籍，16岁秀才考试得第一名，轰动了整个苏州城，29岁到南京参加乡试，又中第一名解元。正当他踌躇满志，第二年赴京会试时，因牵涉科场舞弊案而交厄运。

"会试泄题案"详情是：当年京城会试主考官是程敏政和李东阳。两人都是饱学之士，试题出得十分冷僻，使很多应试者答不上来。其中唯有两张试卷，不仅答题贴切，且文辞优雅，使程敏政高兴得脱口而出："这两张卷子定是唐寅和徐经的。"这句话被在场人听见并传了出来。再加上由于徐、唐两人在京师的行动惹人注目，会试中三场考试结束，顷刻便蜚语满城，盛传"江阴富人徐经贿金预得试题。"

户科给事华昹便匆匆弹劾主考程敏政卖题。事连徐经、唐寅。明孝宗敕令程敏政毋阅题，其所录之卷，由大学士李东阳会同其他试官进行复审，结果证明徐、唐两人皆不在录取之中。鬻题之说，虽属乌有，但舆论仍喧哗不已。

明廷为平息舆论，便着锦衣卫加以审讯，查无卖题实据，最终以徐经进京晋见程敏政时曾送过见面礼，唐寅也因曾用一个金币向程敏政乞文，送乡试座主梁储，使两人均遭削除仕籍，发充县衙小吏使用。程敏政因此罢官还家。华昹因奏事不实，也遭降职处分。一场科场大狱，以各打五十大板结案。事后三个被告均不服，程敏政归家后愤郁发疽而亡。唐寅耻不就吏，归家后夫妻反目，自己消极颓废，筑室"桃花坞"以自娱。

关于这场会试泄题案，记载很多，说法不一。实际上这是统治阶级内部斗争的结果。但毫无疑问，这一事件对唐寅来说是极其严重的，从此唐寅绝意仕途。归家后纵酒浇愁，游历名山大川，

历史的天空

中国历代隐士

决心以诗文书画终其一生。

公元 1500 年，唐寅离开苏州，坐船到达镇江，从镇江到扬州，游览瘦西湖、平山堂等名胜。然后又坐船沿长江过芜湖、九江，到庐山。庐山雄伟壮观的景象，给唐寅留下深刻的印象。在他以后的绘画作品中被充分地反映了出来。他又乘船溯江而上到了黄州，看到赤壁之战遗址。唐寅的《赤壁图》即依此所画。后又南行入湖南，登岳阳楼，游洞庭湖。又南行登南岳衡山。再入福建，漫游武夷诸名山和仙游县九鲤湖。唐寅由闽转浙，游雁荡山、天台山，又渡海去普陀，再沿富春

唐寅像

江、新安江上溯，抵达安徽，上黄山与九华山。此时唐寅囊中已罄，只得返回苏州。唐寅千里壮游，历时 9 个多月，踏遍名山大川，为后来作画增添了不少素材。

返回苏州，家中非常清贫，妻子大吵大闹，终于离他而去。他

住在吴趋坊巷口临街的一座小楼中，以丹青自娱，靠卖文卖画为生。他在一首诗中写道："不炼金丹不坐禅，不为商贾不耕田。闲来写幅丹青卖，不使人间造孽钱。"以表其淡泊名利、专事自由读书卖画生涯之志。同时，他又在除夕口占中写道："柴米油盐酱醋茶，般般都在别人家。岁暮天寒无一事，竹时寺里看梅花。"来表达他生活的贫困。

唐寅36岁时选中城北桃花坞，建了一处优雅清闲的家园，度其清狂生活。

桃花坞原是宋人章庄简的别墅，但经风雨沧桑，早成一片废墟。不过这里景色宜人，环境十分幽静。一曲清溪蜿蜒流过，溪边几株野桃衰柳，一丘土坡，很有几分山野之趣。第二年唐寅用卖画的钱建成了桃花坞别墅。

虽只几间茅屋，檐下却悬着雅致的室名"学圃堂""梦墨亭""蛱蝶斋"等匾额。唐寅一生酷爱桃花，别墅取名"桃花庵"，自号"桃花庵主"并作《桃花庵歌》："桃花仙人种桃树，又摘桃花换酒钱。酒醒只在花前坐，酒醉还来花下眠。半醉半醒日复日，花落花开年复年。但愿老死花酒间，不愿鞠躬车马前；车尘马足富者趣，酒盏花枝贫者缘。若将富贵比贫贱，一在平地一在天；若将富贵比车马，他得驱驰我得闲。别人笑我太疯癫，我笑他人看不穿；不见五陵豪杰墓，无花无酒锄作田。"

春日，园内花开如锦，他邀请沈周、祝允明、文征明等来此饮酒赋诗，挥毫作画，尽欢而散。"日般饮其中，客来便共饮，去不问，醉便颓寝。"此时唐寅过得清闲而超脱。

明正德九年，他被明宗室宁王以重金征聘到南昌，后发现身陷宁王政治阴谋之中，遂佯装疯癫，脱身回归故里，后来宁王起兵反叛朝廷被平定，唐寅幸而逃脱了杀身之祸，但也引起不少麻烦，从此思想渐趋消沉，转而信佛，自号"六如居士"，"六如"取自《金刚经》："一切有为法，如梦幻泡影，如露亦如电，应作如是观。"自治一方印章"逃禅仙吏"。

唐寅像

唐寅从南昌回家后因常年多病，不能经常作画，加上又不会持家，生活艰难，甚至常靠向好友祝枝山、文征明俩人借钱度日。其间有著名书法家王宠常来接济，并娶了唐寅唯一的女儿为儿媳，成了唐寅晚年最快乐的一件事。

明嘉靖二年，54岁的唐寅健康状况更差，这年秋天，应好友邀请去东山王家。但见苏东坡真迹一词中有二句："百年强半，来日苦无多"，正好触动唐寅心境，他一阵悲伤，告别回家后，从此卧病不起，不久结束了他凄凉的一生。死后葬在桃花坞北。嘉靖26年迁葬到横塘镇王家村。

明万历年间，常熟书商何君立仰慕唐伯虎的诗文和为人，不惜重金，征求片纸只字，为他搜集整理诗赋词章。将唐寅生前散失的近百首诗文核阅后付梓，这就使唐寅有了第一个较完善的诗文集传世，一时洛阳纸贵。

无为隐士——庄子

　　庄子,战国中期宋国蒙人,著名的思想家、哲学家和文学家,道家学派的主要代表人物。庄子生平只做过漆园吏,因崇尚自由而不应同宗楚威王之聘。老子思想的继承和发展者。后世将他与老子并称为"老庄"。他们的哲学思想体系,被思想学术界尊为"老庄哲学"。

　　庄子最早提出"内圣外王思想"对儒家影响深远。庄子洞悉易理,深刻指出"《易》以道阴阳",庄子"三籁"思想与《易经》三才

庄子下山图

之道相合。代表作品为《庄子》以及名篇有《逍遥游》《齐物论》等。

庄周一生著书十余万言，书名《庄子》。这部文献的出现，标志着在战国时代，中国的哲学思想和文学语言，已经发展到非常玄远、高深的水平，是中国古代典籍中的瑰宝。因此，庄子不但是中国哲学史上一位著名的思想家，同时也是中国文学史上一位杰出的文学家。无论在哲学思想方面，还是文学语言方面，他都给予了中国历代的思想家和文学家以深刻的巨大的影响，在中国思想史、文学史上都有极重要的地位。

哲学思想

庄子的思想包含着朴素辩证法因素，主要思想是"天道无为"，认为一切事物都在变化，他认为"道"是"先天地生"的，从"道未始有封"，庄子主要认为自然的比人为的要好，提倡无用，认为大无用就是有用。就像一棵难看的树被认为无用，有一个木匠要找一棵树作房梁，但这棵树太弯了，没法做房梁；第二个木匠找树做磨的握柄，要弯的，但这棵树太难看了，又没办法；第三个木匠要做车轱辘，但这棵树长得不行，从某方面讲是无用的。但从庄子的角度看，无用就是有用，大无用就是大有作为，所以庄子提倡无用精神，属主观唯心主义体系。

"道"也是其哲学的基础和最高范畴，即关于世界起源和本质的观念，又是至人认识境界。主张"无为"，放弃一切妄为。又认为一切事物都是相对的，幻想一种"天地与我并生，而万物与我为一"的主观精神境界，安时处顺，逍遥自得，倒向了相对主义和宿命论。在政治上主张"无为而治"。

庄子的哲学主要接受并发展了老子的思想。他认为"道"是

超越时空的无限本体,它生于天地万物之间,而又无所不包,无所不在,表现在一切事物之中。然而它又是自然无为的,在本质上是虚无的。在庄子的哲学中,"天"是与"人"相对立的两个概念,"天"代表着自然,而"人"指的就是"人为"的一切,与自然相背离的一切。"人为"两字合起来,就是一个"伪"字。

庄子主张"天人合一"和"清静无为"。他的学说涵盖着当时社会生活的方方面面,但精神还是皈依于老子的哲学。

庄子曾做过漆园吏,生活贫穷困顿,却鄙弃荣华富贵、权势名利,力图在乱世保持独立的人格,追求逍遥无恃的精神自由。对于庄子在中国文学史和思想史上的重要贡献,封建帝王尤为重视,在唐开元二十五年庄子被诏号为"南华真人",后人即称之为"南华真人",被道教隐宗妙真道奉为开宗祖师,视其为太乙救苦天尊的化身。《庄子》一书也被称为《南华真经》。其文章具有浓厚的浪漫色彩,对后世文学有深远影响。

庄子的散文在先秦诸子中独具风格,大量采用并虚构寓言故事,想象奇特,形象生动。此外,还善于运用各种譬喻,活泼风趣,睿智深刻。文章随意流出,汪洋恣肆,奇趣横生。总体来说,庄子散文极具浪漫主义风格,在古代散文中罕有其比,赢得无数文人学士的仰慕。

悠然南山

庄子的思想主要反映在《庄子》中。它发展了老子中的虚无倾向,主张绝对无为,否定仁义礼法,主张取缔包括一切法律和道德在内的文明成果,提出了中国最早的道德以及法律虚无主义,使得道家思想中的消极方面更为消极。

庄子全面继承了劳资的自然之道，同时从消极方面发展了道的虚无性。首先，他肯定了道的权威性，普遍性和主宰地位，其次突出道的自主性以及神秘性，他将劳资的无为之道推向虚无，主张绝对无为。他认为无为是道的基本属性而已，是天地万物尤其四人必须遵守的原则，用虚无来概括无为，否定一切社会文明和治国措施。

因此，他基于这种绝对的无为观点出发，主张无以人灭天，不以人助天，坚决偏执的反对任何对自然之道的干扰和破坏，不遗余力取消一切有意识的活动，庄子对儒家的礼仪进行了无休止的破坏揭露批判，认为仁义礼乐是导致社会分化和混乱的根源，是到岛窃国的工具，所以他认为法家的法治也是致乱源头，对于墨家的尚

庄子塑像

贤，兼爱也给予了无情的批判，指出兼爱是永远不能实现的。

庄子主张绝对自由，反对一丁点的约束和限制，他认为人为自然的一部分，既是自然的存在形式，同时也是自然的一种造化，因此人的本性和人生的目的就必须从天地自然中去寻找那种天地合体，同体，与大道混为一糊糊的"性命之情"，要无拘无束，还要无知无欲，因为他认为这是自然之道才是人性本来。

这种天天奔放的人性与"无情"的社会直接对立，而现实他又无法摆脱又无法抗拒，于是一方面被迫承认现实，另一方面既无法摆脱，所以就又以追求超现实、精神上的自由为归宿，企图

在主观精神世界里寻找客观世界无法得到的东西，无休止的强调独立的个人自由，抽象的精神自由，绝对的无限的自由，这就是庄子自由观的全部特征。

庄子那样崇尚自然、追求挣脱。同时他也是一个方中的隐士。有人是这样子说的，说庄子是一名隐士，是一名真正意义上严格上来说的隐士。庄子本身主张是回归自然的，是伸向宇宙世界的，思想是出世的。

隐士隐在热闹的街道中。他所谈到的人生观念是回归到大自然的，把自己置身于天地之外的简单物品，同时又提出种种人世间奇异的现象，最终用这无边无际的宇宙来解释我们的生活常理。

庄子不回避社会，也不回避现实，很多现实的例子在他那里信手拈来，作为例证，尤其喜好引用孔子的话说。或者我们说，庄子是隐于途，但这个隐不简单。内坚持而外化，道天地而释人论，追逐率性而为，淡化名利，有所超脱。

庄子的思想挣脱外界的影响，做到随遇而安，做到内心的坚持与外在的顺应，即内不化而外化。这就是作为隐士，庄子与其他人不同的一个重要的特点。隐逸的根源在政治浑浊和强权统治，所以隐者的内心都有着无穷的痛苦，但是庄子没有，因为心所能容得下的是宇宙，脑子所能穿透的是别人看不见、没有感觉到的时空。

所以说庄子是一名真正的隐士。

晋国名隐——段干木

段干木,复姓段干,名木,春秋战国时期晋国名士,是孔子的再传弟子。

春秋战国时期,今天的山东冠县属晋国冠氏邑。当时,晋国国内韩、赵、魏、范、中行、智等六卿展开激烈的斗争,先是范氏和中行氏联合郑国和齐国攻伐赵氏,结果反被赵、韩、魏、智将地盘

段干木故里

瓜分,再后来韩、赵、魏三家联合攻灭智氏,分别建立起封建政权,三家分晋,冠氏邑隶属于魏国。

少时艰辛

公元前 602 年,多沙常淤善徙的黄河来到这里,穿境而过,至今尚有故道。段干木就出生在冠氏邑黄河岸边的小乡村。段干木七岁那年,母亲得了重病。为了筹钱给母亲治病,父亲带着段干木去卖家里仅有的一只羊,为了卖个好价钱,他们跑到离家很远的集市上。

由于是外地人,集市上的羊贩子欺生,从中作梗,父子俩一直等了一天也没有把羊卖掉。无奈之下,父子俩只有通过羊贩子以很便宜的价格卖掉了羊。拿着手中少得可怜的一点钱儿,父亲流下了伤心的眼泪,懂事的段干木跟着父亲饿着肚子回到了家。这件事,深深地印在了少年段干木的心里,他暗暗下定决心,一定要当一个大贩子,为老百姓说话,治治那些黑心的人。

幼年的段干木勤奋好学,怀有远大的政治抱负,动荡混乱的社会环境造就了他坚强倔强的性格,于是他决定离乡求学,云游四方。当时,各地战火连连,狼烟四起。他沿黄河西行准备到晋国的都城去,路上,连年的战争和灾荒造成人民老幼相扶背井离乡的凄凉景象,使他更加坚定热爱和平反对战争的信念。

为了生活,段干木他一边求学,一边做起了生意。他来到安邑,作为魏国国都商业空前繁荣,经商成为风气,于是他同朋友做起了马匹生意,后来干脆做起了经纪人。由于他勤于思考,吃苦耐劳,善于经营,在商界大有名气。

国家大事在于戎,戎之大事在于马。战国时期,马匹在作战

部队中的作用越来越大，各诸侯国对战马的需求市场也就越来越大。晋国距北方较近，有着优越的天然优势。

这一年，他组织了一批马匹，把这批马卖出去并不难，卖的便宜，随地卖，也挣不了多少钱，怎样才能挣得大钱？他获悉吴越一带需要好马，只有把它卖到南方的吴越，肯定能赚到一大笔钱。可是从安邑到吴越，千里迢迢，人马住宿费用且不说，最大的问题是当时正值兵荒马乱，沿途强盗多如牛毛，半路被劫，不仅挣不到钱，恐怕连老本都搭进去。

他通过市场了解到安邑当地有一个很有势力、经常贩运麻布去吴越的巨商，因常做贩运生意早已用金银收买了沿途的强盗，于是他就把主意打在了这位商人身上。这天，段干木邀来当地商界朋友，大摆宴筵，大力宣传自己新组建了一马队，开业酬宾，可免费帮人向吴越运送货物。不出所料，这位巨商主动找上门来，求运麻布。就这样，段干木与巨商一路同行，货物连同马匹都安全到达吴越，马匹在吴越很快卖出，段干木因此赚了一大笔钱。

战国时期，各国没有专门的采马官员，战马的采购和交易非常之难。北方草原产马，也是理想的战马。可是由于连年战争，马匹运不过来。虽说连年的征战时而阻断南北来往，但是草原

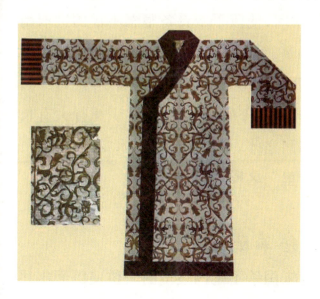

春秋战国时期服饰

103

游牧民族从来无法停止与中原的贸易或是抢劫,因为需要有盐、铁,所以只要有贸易,中原绝对不会缺马。也正是由于这个原因反而促使贩马成为暴力的营生,谁抓住机遇,就能挣得大钱。段干木高价收到南方和中原的盐和铁,买通关卡和强盗贼人,到北方换得战马,一来一往,自然赚得盆满钵溢。难怪在《淮南子》上说:"段干木,晋国之大驵也。"这时他早已是魏国有名的市侩了。

但是段干木却落下个很坏的名声。这可能是由于战国时人们看不起这种职业,更主要的还是因为段干木浪迹市井,不免染上商人奸猾狡诈的习气。在《吕氏春秋》中,把段干木同颜涿、子石、索庐参、子张等划为一类,统称之为"刑戮死辱之人"。

段干木下决心改变自己的形象。经济上的富有并没有使他忘记求学,经营之余勤学儒家、道家、墨家等学说,尤对儒家学说情有独衷。一次,他招待家乡来的一位朋友,席间听说孔子的弟子子夏正在家乡西河讲学,于是他告别朋友,收拾起行李赶回了西河。

家庭的贫困,生活的坎坷,使段干木具备坚忍不拔的进取精神。乱世的纷争,时局的动荡,锻炼铸就了段干木明察时态、洞悉时局的能力。段干木到了西河后,拜子夏为师,认真学习《诗经》、《春秋》等儒家经典,进步非常快,几年下来,他学识德行大有长进,精通六艺,身怀经邦纬国之才。皇甫谧说段干木"有文有行","怀君子之道",遂"声驰千里",名噪一时。

结草隐居

春秋时期,楚国因为宋国杀了楚国过境的一位使臣而出兵攻打宋国,宋国首都被围困半年之久,城内粮尽,就连树皮野草

孔子塑像

都被吃光了，城内的百姓只有互相交换自己的子女以当食物救命。这件事，深深地震撼了段干木，使他更加厌倦战争，看透了官场尔虞我诈，敷衍趋势。在西河，他学业完成后，便悄悄地回到自己家乡，在黄河之滨结草为庐隐居起来。

春秋战国时期，中国正处于社会由奴隶制向封建制过渡的大变革时期。战争频仍，社会动荡。战国七雄争霸，新兴的地主阶级迫切需要大量的政治军事人才治理国家，都想尽千法设百计招贤纳士，士多朝秦暮楚，奔走于王侯之门。这样的社会环境为矢志仕宦之途的年轻人提供了一展抱负的良机。

公元前 445 年，魏文侯即位，他是魏国百年霸业的开创者，当时，魏国西边一河之隔虎视眈眈的秦国，北边是强大的赵国，南边是秦国、楚国和郑国争夺交战之地。为富国强兵，他一方面建立军队，一方面广招天下奇才贤士。魏成子向他推荐正在西河的子夏和段干木。魏文侯从国都安邑来到东部位于今天河北魏县的别都魏，专程拜访子夏，请他做丞相，子夏年纪大了，双目失明，于是推荐了段干木。

魏文侯立即乘车到段干木隐居处拜访。但段干木是个一心隐居不趋世利的饱学之士,听到这个消息,段干木从屋后跳过墙头跑了。

礼贤台作为中国历史最早的求贤标志,在历史的星河中闪烁着熠熠光辉。今天的河北魏县,在战国时曾是魏国的别都,魏文侯为了向天下表达自己招贤纳士的诚意,在别都东郊投巨资筑起了一座"礼贤台",台上楼房瓦设,金碧辉煌。再次亲自乘车把段干木请到"礼贤台"拜他为师。段干木终于受到感动,只得应命,从此魏文侯以师礼待之,他也为魏国出了不少主意作了很多贡献。

后来,魏文侯请段干木到国都,专门为他建起了公馆。每遇大事,魏文侯就到那里求教,听取段干木的意见,让段干木坐在椅子上,自己站在旁边恭恭敬敬地听,就是累了也不敢休息。魏文侯仍然以贵客的礼节对待他,每次出门经过他的门前,都要抓住车上的扶手,一副随时准备下车的样子。

仆人说:"你为什么这个样子?"魏文侯说:"段干木是贤人呐,他不追求权势和利益,身怀君子的品德,隐居在贫穷的小巷,却闻名千里之外,我哪能不对他恭恭敬敬呢?他以德行占先,寡人以权势占先。他富有的是道义,寡人富有的是财富。可是,权势不如德行贵重,财富不如道义高尚啊。"

礼贤台

有一年，逐渐强大的秦国准备攻打魏国，司马庚对秦王说："段干木是一位著名贤者，他德高望重，主张仁义，反对战争。魏文侯以礼待他，各国都知道这件事。现在我们要起兵攻打魏国，不是有害于正义吗？"慑于段干木威名，于是秦王罢兵休战。

在魏国国都，魏文侯请段干木出任魏国宰相，他不肯，而推荐了自己的师兄弟李悝、吴起。后来，李悝成为了魏国的宰相，吴起成为了魏国的领兵统帅，均立下了大功。此事更使段干木名气大震于诸侯，四方贤士纷纷投于魏文侯幕下，在一大批贤士的辅佐下，魏文侯实行政治改革，奖励农耕，兴修水利发展经济等一系列改革，使魏国成为战国初期称霸百年的强国。

约公元前 400 年，段干木因病去世，按照遗嘱，魏文侯亲自扶灵枢将段干木遗体送回家乡安葬。

段干木对功名富贵的厌恶，是他追求洒脱的独特个性和儒家道德规范融合的结果。如果说，段干木早年为生计所迫，身上染着铜臭的话，这时他追求的则完全是毫无拘束和烦恼的生活情趣，而儒家追求个性的道德观和富贵说又使他为自己的行为找到理性的支柱。

孔子说："衣敝缊袍与衣狐貉者立而不耻者，其由也与？""富与贵是人之所欲也，不以其道得之，不处也；贫与贱是人之所恶，不以其道得之，不去也。"这恰是段干木生活的写照。

段干木终身不仕，然而他又不是真正与世隔绝的山林隐逸一流，而是隐于市井穷巷，隐于社会底层的平民。

隐士之祖——善卷

善卷，又名善绻，单卷。上古尧舜时代隐士，当时的文化代表人物之一，以德著称，与许由齐名。善卷是帝尧和帝舜的老师，帝尧和帝舜先后要将帝位禅让给他，被他拒绝。善卷为后世留下丰富的道德文化遗产，被尊为"德祖"。

善卷让王

据传，尧是在他继位 12 年之后南巡经常德时拜见善卷先生的。当时善卷已经有 50 岁左右，住在德山脚下的几间茅草房里。他究竟有何崇高德行使得尧竟不以帝王身份相见呢？据古史所载，今两湖与其接壤的江西、安徽的部分地区，历来就是苗族活动的场所。

此次尧帝南巡，深为三苗风俗败坏而担忧。特别是进入湘黔，此地更是苗民聚居的地方，民风更为怪异。但沿沅水而下，临近枉渚，情况迥异。

一日，他刚要到云梦大泽的西岸，这时正是暮春之初，只见两岸桃花盛开，如锦如绣，接续数里，连绵不断。帝尧看了，有趣得很。桃林里面，却是田亩。许多农夫正在犁云锄雨，非常忙碌。

内中有几个人，一面耕田，一面在那里唱山歌。

帝尧细听那歌词很有道理，于怡情悦性之中，寓有一种劝世醒俗的意味，与一路行来听见的那些淫歌俗曲、有伤风化的，迥不相同，真仿佛有如听仙乐耳暂明的光景，禁不住上前问道："你刚才所唱的歌曲，是旧日相传下来的呢，还是自己编的？"

那农夫看见帝尧和许多从官的情形，后面又有兵队跟着，知道是个贵人，慌忙放下犁锄，拱手对道："都不是，是善先生教我们的。"帝尧道："善先生是什么人？"那农夫道："善先生是本地人，向来读书的，名叫卷。"

帝尧道："善先生为什么做这种歌曲教你们？"那农夫道："善先生是很有学问的，平常待人，又是非常仁慈和蔼。他空闲的时候，总和我们说些圣贤的道理，做人的规矩，以及古来忠臣孝子义夫烈妇的事迹，和可以做鉴戒或法则的话语，所以，我们这里一百里之内，没有一个人不佩服他、敬仰他。这个歌曲，就是他教我们的一种。"帝尧听了，不禁对这位善卷先生也起了一个敬仰之意。

尧以天下让舜，苗君不服，发生叛乱，尧帝御驾亲征，苗民惨遭失败，内部几乎瓦解。三苗的谋臣狐功看见情势危急，就定下一个计划，表面归顺，而暗地却笼络人心，扩充地盘。其实，枉渚一带以入三苗势力范围，善卷自感势单

隐士之祖——善卷

力薄,独木难撑倾覆的大厦,只能带领家眷接连迁移三次,被迫逃到海岛上来。

大禹知道三苗的势力离此不过几百里,自己治水正要经扬州而至荆州,于是问道:"三苗如此无道,当然要加以讨伐,先生认为此役我能战胜吗?"出乎意料,善卷虽然有家难归,思家心切,但是并不同意大禹放弃治水专事讨伐,认为治水是顺民心的大事,才是当务之急。治水到了荆州,如果遇到三苗阻挠,此时出兵讨伐,师出有名,胜利才有把握。大禹听了,连声称是。

两人又谈了一会儿,大禹被善卷的人品和学识深深地感动,诚恳地邀善卷出来辅佐他治水。善卷道:"山野之性,无志功名久矣。况百岁衰龄,行将就木,哪里还能出面驰驱呢?但愿三苗早日授首,荆州早日治平。某得归返故乡,死正首丘,那就是受崇伯之赐了。"

大禹采纳善卷的建议,在治水途中,收服了三苗。

大禹由衷佩服,要将天下禅让给善卷。善卷力辞:"我立身于宇宙之中,冬天穿着皮衣御寒,夏天穿着精细葛布能够防暑。春天耕耘播种,身体能够劳动;秋天获得丰收,粮食足够一年的食用。每天日出而作,日入而息。优哉游哉,怡然自得。我哪里会去想承担治理天下的大任呀!哎呀,您真是太不理解我了!"说罢,善卷为避免舜帝的再三恳请,躲进深山之中去了。

隐士之本

纵观中国五千年隐士文化,它深深地根植于每个人的内心深处,是至高的精神寄托。不被物欲横流的社会冲昏了头脑,保持一颗清净之心,在这繁华浮尘之中,淡定地做本真的自己。当名誉、权利、金钱、利益都与你无关的时候，当所有人都退去的时候，卸下所有的伪装，清雅自知，不需要活给别人看，更不需要让别人看你风光的背后，却是满满的辛酸和泪水。

因此，每个人的内心都有一个潜在的隐士之境，像隐士之祖善卷所隐匿的善卷洞府一样，是存在于这天地之间真正的自然福地。

善卷风景区位于宜兴城西南 20 千米的螺岩山中，为隐士之祖善卷修行之地，洞外山清水秀，风光旖旎，素有"万古灵迹""欲界仙都"之美誉。

善卷洞得江南山水之灵气，集吴越文化之精华，富阳羡胜景之特色，胜景似绣，巧夺天工。

善卷洞分上、中、下、水四洞，洞洞相通，就像一幢石雕大楼。尤其是"洞中有河，河可通舟；船在水中行，桨往天上撑"，堪称一绝。洞内终年云雾弥漫，冬暖夏凉，气温终年保持 23 摄氏度，堪

善卷洞

善卷塑像

称神奇。自隐士之祖善卷后，从古到今，游人如织，历代名贤雅士、文人墨客留下了一篇篇千古绝唱的诗文石刻。

善卷为避王位，在泱泱华夏土地，选择了在江南宜兴的山水中隐匿，在鬼斧神工的溶洞里栖身。对善卷来说，这也绝不是偶然的举动，是基于他性格修为和宜兴的山水所决定的。到隐士文化是一种淡定的对待生活的态度，是一种孤独的生活方式，恬淡了半城烟沙。

善卷"以天下让而勿取"和"逍遥于天地之间而心意自得"的举动，既实践了儒家重义轻利的伟大人格理想，又是道家遗世绝俗的独立人格理想的体现。这也是儒家和道家都尊善卷为千古隐逸之宗的缘由。

装疯隐士——孙登

孙登,字公和,号苏门先生,妙真道大宗师。汲郡共人。长年隐居苏门山,博才多识,熟读《易经》《老子》《庄子》之书,会弹一弦琴,尤善长啸。阮籍和嵇康都曾求教于他。

孙登孑然一身,没有家属,独自在北山挖掘土窟居住,夏天自己编草做衣,冬天便披下长发覆身,平生好读易经,安闲无事,常弹弦琴自娱。

苏门先生

八百里太行由北向南连绵而至,到了河南辉县市境内,有一道支脉折向东南延伸,渐渐隐没于平原之中,忽而又从地下突起一座孤

孙登啸台

峰,孤峰南麓,汩汩山泉喷涌而出,汇流成湖,后人称其为苏门山、百泉湖。山环水抱,相映成趣,这里自古就被认为是风水宝地。

在当地山民眼里,孙登肯定是个十足的"精神病":他住在苏门山上的土窟里,"夏则编草为裳,冬则披发自覆",平时蹲在洞口,浑身的毛发和周围杂草混为一体,竟然看不出有人在此。他时不时站在山巅之上,长啸几声。

每当这时,口哨声回响在山林之中,吸引着鸟儿聚集过来一起鸣叫。除此之外,孙登或是捧着一本《周易》凝神苦读,或是抚弦琴自得其乐。他从不与人说话,也从来不发脾气。时间长了,有好事的山民想看看他到底会不会生气,有一次趁他在百泉湖边行走时,几个人把他抬起来扔到了湖里。没想到孙登攀岸而出后,哈哈一笑,拂手而去。

苏门山在河南辉县,当时孙登隐居其间,苏门山因孙登而著名,而孙登也常被人称为"苏门先生"。阮籍上山之后,蹲在孙登面前,询问他一系列重大的历史问题和哲学问题,但孙登好像什么也没有听见,一声不吭,甚至连眼珠也不转一转。

阮籍傻傻地看着泥塑木雕般的孙登,突然领悟到自己的重大问题是多么没有意思,那就快速斩断吧——能与眼前这位大师交流的或许是另外一个语言系统?好像被一种神奇的力量催动着,他缓缓地啸了起来。啸完一段,再看孙登,孙登竟笑眯眯地注视着他,说:"再来一遍!"阮籍一听,连忙站起身来,对着群山与天,啸了好久。啸完回身,孙登又已平静入定。阮籍知道自己已经完成了与这位大师的一次交流,此行没有白来。

阮籍下山了,有点高兴又有点茫然。刚走到半山腰,一种奇迹发生了，如天乐开奏，如梵琴拨响，如百凤齐鸣，一种难以想象的音乐突然充溢于山野林谷之间。阮籍震惊片刻后立即领悟了，这是孙登大师的啸声，如此辉煌和圣洁，把自己的啸不知比到哪里去了。但孙登大师显然不是要与他争胜，而是在回答他的全部历史问题和哲学问题。阮籍仰头聆听，直到啸声结束。然后疾步回家，写下了一篇《大人先生传》。

他从孙登身上知道了什么叫做"大人"。他在文章中说，"大人"是一种与造物同体、与天地并生、逍遥浮世、与道俱成的存在，相比之下，天下那些束身修行、足履绳墨的君子是多么可笑。天地在不断变化，君子们究竟能固守住什么礼法呢？说穿了，躬行礼法而又自以为是的君子，就像寄生在裤裆缝里的虱子。爬来爬去都爬不出裤裆缝，还标榜说是循规蹈矩；饿了咬人一口，还自以为找到了什么风水吉宅。

苏门山啸台

一代隐士

魏晋时期，曹魏帝国刚刚创立不久，政权就完全被司马氏集团所掌控，许多有才干的知识分子对这种政治形势非常不满，但又无可奈何，只有采取一种消极的反抗方式，隐居山林，回归自然。孙登就是其中的一位。

隐居的孙登始终是司马昭的一块儿心病，为了弄清孙登的真实意图，司马昭又派"竹林七贤"之一的嵇康来探听消息。嵇康是曹家的女婿，曹氏集团在和司马氏集团的斗争中失败，嵇康自然就成了司马昭的眼中钉、肉中刺。

嵇康在苏门山上待了整整 3 年，时刻不离孙登左右，但孙登始终一言不发。直到嵇康临走时，最后一次问孙登："先生真的就无话可说了吗？"

孙登这才开了口，他对嵇康说："你懂得火的道理吗？火燃烧后会发光，人们并没有刻意地让火发光，却得到了光明；人要是有才干，并不要去炫耀，终究还是会得到发挥的。要得到光，就得先有柴草，以保证火能燃烧；要想发挥才能，关键是要识时务，能够保全自己，善始善终才行。你很有才干，但孤陋寡闻，不识时务，如今乱世，恐怕很难保全自己啊！"

孙登说的这番话，对嵇康而言，可谓入木三分，一针见血。可并没能引起嵇康的重视，终于酿成杀身之祸，临终作幽愤诗，诗中有"昔惭柳下，今愧孙登"两句，深表感慨，后悔当初不听孙登相劝之言所误。

有人说孙登认为在魏晋之际任职，容易被人猜疑，所以才沉默寡言。

杨骏曾经把孙登请去，但问他什么他都不回答。杨骏赠给孙登一件布袍子，孙登就要了，但一出门就向人借了把刀，把袍子割成两半，扔到杨骏的门前，又把袍子用刀剁碎了。

　　杨骏一怒之下把孙登抓了起来，孙登就突然病死。杨骏给了一口棺木，把孙登埋在振桥。几天后，人们却在董马坡又看见了孙登。

　　"达则兼济天下，穷则独善其身"，一千七百多年前，孙登看透了时局，采取明哲保身的策略，装疯卖傻，隐居苏门山，给后人留下了千古传奇。孙登终于没有等来政治清明的那一天，久而久之，竟不知所终。

　　后人为了纪念孙登这种不与封建统治者同流合污的知识分子的气节，在苏门山巅他长啸之处筑起一座高台，名曰"啸台"。

苏门山啸台

隐逸之士——孔巢父

孔巢父,孔如次子,孔子三十七代孙。少时与李白、韩准、张叔明、陶沔、裴政隐居徂徕山,称"竹溪六逸"。唐代宗广德元年由李季卿推荐,授左卫兵曹参军,累官至给事中、河中、陕、华等州招讨使,兼御史大夫。

唐德宗兴元元年,他受命为魏博宣慰使,前往劝说藩镇田悦及其将士归顺唐朝,田悦从弟田绪杀田悦归唐。不久,李怀光盘据河中,巢父又往河中劝说其归顺唐朝,被怀光部众所杀。

德才兼备

孔巢父德才兼备,初被举荐长安为官。约在天宝六载辞官归隐江东。行前,京师好友蔡侯为其设宴饯行,杜甫曾在席间吟诗一首,以赞巢父之才德,题为《送孔巢父谢病归游江东兼呈李白》。

诗曰:"巢父掉头不肯住,东将入海随烟雾。诗卷长留天地间,钓竿欲拂珊瑚树。深山大泽龙蛇远,春寒野阴风景暮。蓬莱织女回云车,指点虚无是征路。自是君身有仙骨,世人哪得知其故。

惜君只欲苦死留，富贵何如草头露。蔡侯静者意有余，清夜置酒临前除。罢琴惆怅月照席，几岁寄我空中书。南寻禹穴见李白，道甫问讯今何如？"

　　唐玄宗末年，孔巢父曾与李白、韩准、裴政、张叔明、陶沔隐居于山东泰安府徂徕山脚下，纵酒酣歌，谈诗论赋，号称"竹溪六逸"。田园生活结束后，孔巢父被举荐赴长安做官。后来孔巢父为扶救社稷，再度复出，任湖南观察使。唐德宗建中年间，孔

竹溪六逸图

巢父为朝中大臣，官至给事中。因其足智多谋，善于辞令，且破贼有方，深得朝廷器重，被称为"知君名宦"。

　　建中二年，镇州李维岳和淄青李纳请示承袭父职，朝廷不允，魏博七州节度使田悦又代其二人奏请，德宗仍不答应。田悦恼羞成怒，联合李维岳、李纳等人哗变。河北三镇的叛乱致使连

年战祸,生灵涂炭,官兵和叛兵浴血沙场,士卒死伤惨重。兴元元年,德宗任命孔巢父为宣慰使前往平乱,孔巢父冒死赶赴魏博镇,舌战田悦,陈述顺逆之祸福,理据俱备,打动人心,终使田悦率众归降。

建中三年,朔方节度使李怀光曾奉帝旨兵伐田悦。次年,泾原兵变,叛将朱泚入长安称帝,德宗逃往奉天,朱泚率兵猛攻,李怀光前去救驾,数败敌部,屡有战绩,迫使朱泚退归长安。因德宗轻信奸相卢杞的挑拨,不许李怀光入朝觐见,故李怀光耿耿于怀,以至背主而去,联合朱泚逼使德宗南逃汉中,并率军占领河中,割据一方。

建中四年,泾原兵奉命东征途中兵变,叛将朱泚入长安称帝,唐德宗出奔奉天。朔方节度使李怀光前往救驾,屡有战绩。但因德宗听信奸相卢杞谗言,不许李怀光入朝觐见,故使李怀光背主而去,割据一方。

孔巢父说降田悦的同年六月,德宗又令其前往招安李怀光。孔巢父再度深入虎穴,舍身为国劝降平叛,不幸为李怀光部众杀害。死后,朝廷追赠其为尚书左仆射,谥号"忠"。

竹溪六逸

六逸同隐的竹溪,位于徂徕山西南麓的乳山脚下,金代明昌年间泰安人安升卿在徂徕题刻中有"访竹溪六逸于乳山"之语。这里峰峦突起,一川萦回,林木棉蒙,凤尾森森。

山前有一竹岩,石纹如深雕竹叶片片。攀上竹岩,可见到安升卿所书"竹溪佳境"四个大字,自此沿溪而行,但见溪水淙淙,逶迤西注,芳草葳蕤,杂树生花。这里便是六逸堂故址所在。"迄今人去已千载，流风余韵犹宛然"。而今的竹溪，虽已无复唐代碧玉千竿的胜境，但清流依旧，山月无恙，犹使人时时追怀太白诗仙的遗韵。

世人仰慕他们，尽管总是觉得有些狂妄而不可狎近。他们有着隐士与逸民的心理特征，性之所至，高风绝尘。他们寄情于山水林泉，桀骜不驯，放旷不羁，柴门蓬户，兰蕙参差，妙辩玄宗，尤精庄老，那是一种悠然自在的文化态度，更是一种理想而浪漫的生存方式。

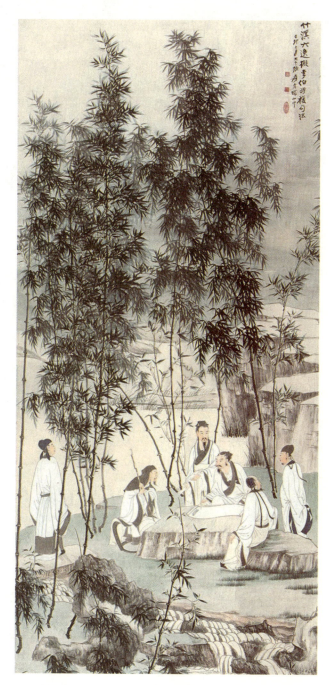

竹溪六逸图

招隐之士——戴颙

戴颙,古代琴家。其父戴逵,兄戴勃,皆博学琴家。并隐遁有高名。颙十六遭父忧,几于毁灭,因此长抱羸患。以父不仕,复修其业。父善琴书,颙并传之。凡诸音律,皆能挥手。会稽剡县多名山,故世居剡下。颙及兄勃并受琴于父,父没,所传之声不忍复奏,各造新弄。勃制五部,颙制十五部,颙又制长弄一部,并传于世。

志存山林

戴颙生活的时代,正值南北分裂,朝代迭易,战乱频繁,戴颙与其父兄一样,不满于当时腐朽的政治和士族奢侈放纵的风尚,无心功名利禄,遁迹山林,以琴书自娱,过着隐逸的生活。与志趣相投的友人,以从事著述、艺术创作为乐,也通过艺术创作活动,与民众有着密切联系。

桐庐县内有很多名山大川,戴勃和戴颙兄弟俩一起去游玩,后居住在那里。戴勃得了病,又缺医少药。戴颙对戴勃说:“我跟随哥哥闲居,并不想就这样默默无闻。哥哥现在病得这样厉害,又没办法治疗,我应当出去谋求俸禄来解脱暂时的困难。”

于是请求任海虞县令，眼看事情快要成功了，戴勃却死去了，戴颙做官的事情也就自然搁置下来。本与兄长戴勃隐居在桐庐，戴勃因病已故，戴颙身体也差，桐庐县地理位置很偏远，不利于养病，戴颙于是离开这里，迁到医疗条件较好的吴国来。吴国内史魏咏之等上层人士听说后，都表示欢迎。吴县的读书人合力为他建造房屋，聚石成山，引水成流，载植树木，开挖沟渠，不久，林木便生长得郁郁葱葱，风景简直像自然形成的一样。

戴颙因多才多艺和隐居不仕而名噪一时，这样的艺术家选择了苏州，自是地方之幸。三吴有识之士无不以结识他为荣，戴颙身体羸弱，但他乐于与民众同乐。在这里，戴颙研究庄子的思想，并著书立说，写出了《逍遥论》，又注释了《礼记》的《中庸》篇。三吴地区的将军、郡守以及吴郡的名流邀请他去野游，他认为合适就去，绝不矜持自高，大家都很赞赏他这一点。

戴颙还具有雕塑艺术才华。戴颙年轻的时

镇江登四山

候,就常常参加雕造工作,在雕塑成就上和父亲一样负有盛名。唐代称"二戴像制,历代独步"。佛教雕刻"藻绘"就是从戴颙开始的,这显然也是佛教雕塑和传统艺术进一步结合的表现。

戴颙在巨大佛像的制作上,有丰富的经验,关于形象各部分的相互关系,以及佛像的造型有着深刻的理解与独特的成就。元嘉初年,宋世子在瓦棺寺铸丈六金像,像成而恨面瘦,工人都没有办法来修改。经戴颙指出毛病并不是真的由于面颊太瘦,而是由于臂胛太肥,照他的意见修改,佛像头身显然相称了。因此,当时人都叹服他的艺术修养,认为他"巧思通神""天机神巧"。在历史上所以这样重视戴氏父子成就,显然是和他们在佛教艺术上的创造,特别是在佛教艺术中国化过程中所起的作用分不开的。

戴颙抚琴图

中国山水画的历史，源远流长。山水画是自然的精华，天地的秀气，所以阴阳、晦冥、晴雨、寒暑、朝昏、昼夜有无穷的妙趣。独立的山水画正式出现在魏晋南北朝之间。据有关文献记载，戴逵有《吴溪山邑居图》，戴勃有《九州名山图》等山水画问世，可惜都已经失传，所以我们无法具体知道当时山水画的概貌。但从顾恺之的人物画《洛神赋图》卷和《女史箴图》卷中的部分配景山水中可以领略到当时山水画的大致形貌，画山石只勾染而无皴擦，画水多用线，树干与叶子也用勾染法，多为扇叶子的银杏树。

由此可见山水仍在部分的充当人物的衬景，以至于"人大于山、水不容泛"等不太协调的景象出现。有的画中甚至以夸张变形的手法处理树石，追求装饰趣味。但是，此时的山水画理论已经基本成熟，"或强调哲理性的显现，或重视抒情的表达"，而且讨论了空间的表现，奠定了中国山水画的理论基础。

魂归招隐

从镇江市区南行数里，有一胜区，这里群山环抱，青峦错落，绿树葱茏，有珍禽奇鸟，有亭台楼阁，有竹林流泉，风景清幽，美不胜收。这便是被列为江苏省级自然风景保护单位的镇江南郊风景区，南郊名胜在南郊诸山，首推招隐山。

招隐山原名兽窟山，因南朝著名艺术家戴颙隐居于此，拒不出任而得名。招陷寺初建于山上，由戴颙故宅改建。戴颙只生一女，戴颙死后，女矢志不嫁，舍宅为寺，故名招隐寺。唐骆宾王游寺有诗云：共寻招隐寺，初识戴颙家。还依旧泉壑，应改昔云霞。唐朝李涉有诗云：两崖古树千般色，一井寒泉数丈冰。欲问前朝戴居士，野烟秋色是丘陵。

125

招隐寺最初由南北朝著名艺术家戴颙的私宅改建而成，创于南朝宋景平元年，距今已有一千五六百年的历史，后殿宇宏丽，甚负盛名。山中有一座高大的石坊，其上，留有"宋戴颙高隐处"六醒目的大字石刻，石柱上有联曰"读书人去留萧寺；招隐山空忆戴公"。联中以"人去"和"山空"寄托了对音乐家戴颙和昭明太子萧统等隐者的不尽思念。

听鹂山房坐落在增华阁东北山腰里。衡阳王义季为戴颙建于南朝宋代。这里古树参天，浓荫蔽日，风凉清幽。招隐山上花鸟众多，万以黄鹂为最，终日鸟声不绝，黄鹂叫声婉转动听。戴颙隐居此山中时，最喜爱听黄鹂的鸣叫，常携带酒和柑，独坐绿荫中，聆听黄鹂歌啭，怡然自得，终日不厌，人

招隐寺

问何故，他说"此俗耳针砭，诗肠歌吹。"这就是著名的"戴颙斗酒双柑听鹂声"典故的来历。

戴颙在半生的山隐中，他的创作才华进入了高峰，他"听鹂整弦，新声变曲"成果丰硕，佳作频出，相继创作和整理了十五部曲谱、一部长曲，其中的《游弦》《广陵》《止息》三部乐坛惊世之作，成为千古绝唱。

戴颙和他哥哥戴勃的弹琴技艺都是他父亲亲自传授的。396年，父亲去世了。戴颙和他哥哥戴勃都是孝心很重的人，父亲的去世对他们打击很大。他父亲去世之后，传授给他们的琴曲，他们怕引起悲痛，不忍心再弹奏，于是各自谱写乐曲，戴勃谱写了五部，戴颙谱写了十五部，又谱写了一部大型乐曲，都流传在世上。

戴颙在诸艺术门类中，更精于音乐，善弹奏各种乐器，还会作曲。他的音乐才能，是来自对自然界的感受和理解。在古人流传下来的写作掌故中，有戴颙创造的"鼓吹诗肠"一则。就是说的戴颙在兽窟山中的事。

有一回，戴颙提着一篮酒和果品，悠悠自在地走上山林。村里有位年轻人看到了他，问他做什么去。

戴颙说，去听听黄鹂的叫声，好作几首诗。年轻人有些不解地说，黄鹂叫和诗有什么关系啊？

戴颙摇头说到："不吟诗者，不明此理啊。吟诗要有诗兴，没有诗兴就作不出好诗。黄鹂的鸣叫可以医治俗耳，鼓吹诗肠。"说完，他便悠悠自得地走了。

年轻人若有所悟，"诗肠"要靠外界物景"鼓吹"。实际上戴颙的观点是说，人必须从自然界景物中寻觅悟性、灵感。自然景物能陶冶作者的情怀，触发诗人的思绪。

戴颙就是这样一位喜欢借助于自然界的神韵，诱发创作灵感的艺术家。后人也得出了与戴颙同样的结论。

不屈隐士——阎尔梅

阎尔梅，明末诗文家，字用卿，号古古，又号白耷山人。明崇祯三年举人，为复社巨子。甲申、乙酉间，为史可法出谋划策，史不能用。乃散财结客，奔走国事。清初剃发号蹈东和尚。诗有才气，声调沉雄。著有《白耷山人集》。

反清思想

清军入关后，阎尔梅到南方参加弘光政权，曾做过史可法的幕僚。他曾极力劝说史可法进军山东、河北等地，以图恢复。

明亡后，他继续坚持抗清活动，手刃爱妾，平毁先人坟墓后，散尽万贯家财，用以结交豪杰之士，立志复明。他曾两次被清军抓获，意志不屈，寻机逃脱后流亡各地。十多年间，游历了楚、秦、晋、蜀等九省。晚年时，眼见复明无望，才回到了故乡。

阎尔梅在明季时曾参加复社，是其中的重要人物，在当时颇有盛名，人们把他同"二张"相比，而他的诗文则与同乡的万寿祺风格相近，被当时的人并称为"阎万"。他的古诗学习李白，诗才若海，茫无涯诶；律绝二体则格律严谨，声调雄浑。由于他历经乱世，遭际坎坷，家破国亡，因此他的诗多是感怀时世，充满了深厚的民族感情，风格苍凉刚健，在当时颇有文名。

阎尔梅对于反清复明的事业是如此地执着，如此地投入，日思夜想，即使是一声马嘶也会激起他再踏征途的热情，会使他想起召四方英雄杀敌立功的峥嵘岁月。因此他写道："疑段怜人意，长嘶不肯驰。如呼诸义士，幸好杀胡儿……"而那些古代英雄的遗迹，那种不成功既成仁的壮怀激烈，也鼓舞坚定了诗人誓死抗敌的决心。在乌江渡口，作者奋笔"阴陵道左困英雄，骓马长嘶千里风。成败任妨争面目，不随亭长渡江东。"

然而历史无情，阎尔梅为之毁家散财，奔走十几年的抗清斗争，终于失败了。他虽然并没有像最初所想的那样，"不随亭长渡江东"，选择了忍辱偷生，隐姓埋名，辗转回到了自己的故乡，但他并没有因此安度余年，对故国的热爱和目睹旧日的破败衰亡的强烈感情，使他不能有一刻忘记了故国，不能有一刻背弃了明王朝。

他始终牢牢地保持着民族气节，断然拒绝同清朝统治者合作。他曾数次冒着危险，偷偷地去祭先帝的陵墓，在那里洒一鞠辛酸的"遗民"泪，并且在诗歌中表示，自己要"死将为厉鬼，生且为顽民。"阎尔梅这样说的，也真正地做到了这点。

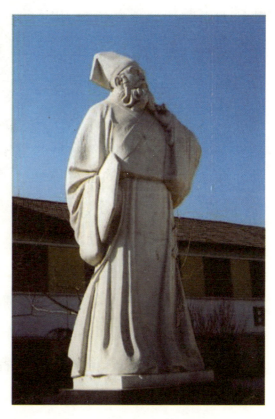

阎尔梅塑像

在他失望地回归故里后，他的一位故友胡谦光正好在沛县作县令，他仰慕阎尔梅的文名，致书阎尔梅，企图劝说他入仕为官。阎尔梅坚决地拒绝了这一要求，并不惜得罪权贵，割袍断交，并作了绝交诗一首，表明自己的志向和态度。《绝贼臣胡谦光》："贼臣不自量，称予是故人。敢以书招予，冀予与同坐。一笑置弗答，萧然湖水滨。湖水经霜碧，树光翠初年。妻子甘作苦，昏晓役春薪。国家有兴废，吾道有诎申。委蛇听大命，柔气时转新。生死非我虞，但虞辱此身。"诗中把清王朝的官员称为"贼臣"，把背弃明朝，出仕清廷看作随应时俗，同流合污，而一再表明自己要像湖水

阎尔梅画像

一样保持高洁，但不再以过去那种激烈的斗争方式，而是要使自己的心气柔和含忍，以等待时机的转变。由此可见，诗人保持民族气节决心之大，不肯同清朝统治者合作的态度之坚决，而对明王朝的眷恋又何等之深。

由于诗人十几年间行遍大江南北，晚年后又归隐故乡，同下

层的劳动人民有了较多的接触,对于他们的遭遇和痛苦,感受也格外深刻。因此,在这本诗集中作者除了记载自己抗清的经历,表达誓死抗清的决心,也有许多篇幅记叙了清军入关的暴行和对人民肆意屠杀的情形。

　　顺治二年扬州大屠杀,劫难后,在中国历史上以繁华著称的扬州变成了一座空城。诗人对此痛心不已,《惜扬州》中以近千字的篇幅来追记这一惨案,古今对比极力渲染往日的繁华,反衬如今一片废墟的苍凉,表达了他面对山河破碎,却回天无力的惨痛心情。入清后他一直隐居不仕,同劳动人民有着较多的接触,了解民间疾苦,在他的不少诗文中表达了对劳动人民的深切关怀和同情。如《采桑曲》:种桑人家十之九,连绿不断阴千亩。年年相戒桑熟时,畏人盗桑晨暮守。前年灾水去年旱,私债官租如火锻。今春差觉风雨好,可惜桑田种又少。采桑女子智于男,晓雾沾鞋携笋蓝。幼年父母责女红,蚕事绩事兼其中。桑有稚壮与瘦肥,亦有蚕饱与蚕饥。忌讳时时外意生,心血耗尽茧初成。织不成匹执上卖,急偿官租与私债,促织在室丝已竭,机杼西邻响不绝。残岁无米贷人苦,妄意明年新丝补。

　　这首诗借采桑之事反映农民饱受私债官租的剥削之苦。开篇四句,写了种桑的艰辛劳顿。每逢桑叶成熟之时,便是桑农操劳之日。片片桑叶都是桑农的心血凝成,一家人的生存都要靠它们来维持,于是"畏人盗桑晨暮守,"只得早出晚归,不辞辛劳地看守桑田,盼望能有好的收成。

　　可是天灾人祸双双而至,水灾旱灾,官租私债,把桑农剥夺得一无所有。今年好容易风调雨顺,偏偏又少种了桑,一起一伏,转折宕荡,使人们对于桑农的悲惨际遇顿生同情之心。

接着"采桑女子智于男……"四句勾出了一组采桑女的形象。天刚破晓，寒意袭人，采桑女已经挎上竹篮，踏破晓雾，忙在桑田之间。尚未成年，已不得不学习缝纫、刺绣，帮助父母分担家中里里外外的劳动。

接下了又进一步写了种桑养蚕的千辛万苦。"桑有稚杜与瘦肥，亦有蚕饱与蚕饥……"桑农们小心翼翼地照顾着桑树和蚕，唯恐有什么意外，使他们的心血空耗。可是桑农的生死饱暖又有谁来过问？作者饱蘸着同情的笔墨，抒发着胸中的不平之气。等到蚕茧作成，抽丝织绵，还等不及织成整匹，就赶着拿到市场上去卖，好换钱来偿还官租私债。等到天气转冷，蚕丝已尽，卖得的钱都用去还了租债。含辛茹苦一年到头，换来的还是忍饥挨饿。可生活还要继续下去，只好又向别人告贷，买粮维持全家的生活，苟且渡过这一年。可希望还在，虽然渺茫，但仍然期冀明年能有一个好光景。

阎尔梅的诗由于充满了反清意识，无情揭露清朝统治者的残暴野蛮，反映了民间疾苦，自然为当时的统治者所不容，因此，也难以逃脱被禁毁的命运。

不屈士子

阎尔梅作为一个反清复明的不屈士子，他的后半生一直漂泊于大江南北和中原腹地，为抗清斗争流尽了最后一滴血，直到康熙十八年，他含恨而终时，亦不忘记告诫家人绝不能用满族的圆顶墓为之掩棺，而要以汉人明朝的方顶墓埋葬自己。

作为大明帝国的"最后一位遗民"，阎尔梅的曲折人生经历绝对是一部小说题材，如果拍成电视连续剧，亦绝对是精彩绝伦的。且不说阎尔梅前半生的人生，就其21岁游学江南，结交夏允彝等仁人志士的举止，便可见出他的士子风骨来。

1630年，26岁的阎尔梅举京兆试第二十四名。杨廷枢"特许其旷逸跌宕、有唾吐四海之气"。本来，他的仕途远大，可以飞黄腾达，但他偏偏又诋毁大权在握的魏忠贤阉党之流，义无反顾地成为复社的骨干，那只有被逐出仕者行列的份了。

在大明帝国面临崩溃之际，阎尔梅在其家乡组织了7000人的抗清队伍，虽然阎尔梅白衣素冠拜见南明小朝廷的巡按王燮面陈抗清大计，想一展报国之一，却始终不被昏官所采纳。直到弘光元年才接到史可法之聘，赴白洋河共商抗清大计。历史往往是不能如人愿的，倘使史可法当时接受了阎尔梅的三条忠告：即首先安抚兴平伯旧部，再进攻占据军事重镇徐州，最后西征北进，控制鲁、豫，与徐州形成鼎足之势。如果采纳这三条建议，恐怕苟延残喘的大明帝国或许会获得新的生机，历史也将会重新改写，史可法镇守扬州的沉重悲剧历史一幕也就不会拉开。可历史偏偏会与人们开玩笑，它终以悲剧的帷幕送走了一个士子为之恸哭的时代。

阎尔梅之墓

尽管大明帝国对这些士子太薄，所欠的人情亦太多太多，然而，正直不阿的士子却视社稷道德为立身立人之本，以十二分的关怀去呵护它。这就是士子的悲风，你说他愚忠也好,你说他迂腐也好,总之,这股凛然之气是不可泄的。

然而,能如阎尔梅这样痴心不改,历经数十年而终死不悔者却是极少的,除了顾炎武,恐怕士子行列中的半生漂泊者是绝无仅有的。作为一个没有"祖国",没有精神家园的流浪者,阎尔梅以其沉重的人生代价,书写了一代大明遗士的慷慨悲歌。

古人云:识时务者为俊杰。在大明帝国无可奈何花落去之时,明朝故臣降的降、死的死、隐的隐。即使能够抵抗者,亦经不住历史时间的磨洗,渐渐消蚀了那份抵抗的性情,最终走向颓废遁世的道路。而阎尔梅却不同凡响,始终如一地反抗到底,可谓最后到了逆历史潮流而动的地步,成为最后一个不识时务者。

随着钱谦益,吴梅村、侯朝宗等名士的降清,晚明的知识分子思想便到了大崩溃的边缘,脱胎换骨的蜕变促使知识分子寻找新的仕途和新的思想定位。而作为坚守人格气节的阎尔梅、顾炎武们却决不肯举起思想的白幡,进行人格的自刎。

顺治四年,阎尔梅与山东榆园军合作,削发为僧,自诩"蹈东和尚",以河南少林寺为联络点,开始云游四方,积极组织反清复明斗争,虽屡屡失败,亦百折不挠。

顺治九年,阎尔梅在再次失败被捕后,准备以死报国,因而他在面见总督沈文奎时"瞪目直上视,不拜",可见他逼视汉奸走狗时的愤懑与轻蔑,在他眼中,所有的投降者均为精神的阶下囚,是不能与之比肩的。所以他可以慷慨吟诵:"忠孝平常事,捐躯亦等闲"的浩然之歌。

整整两年的牢狱生活,丝毫没有改变一个囚徒的信仰,谁能想象阎尔梅身陷囹圄时所经受的肉体和精神的苦难呢?然而可

以明证的是,阎尔梅反清复明的痴心不改,他所能思想的活力就在于此,他的精神支柱也在于此,因此顺治十一年,他成功地逃离了关押他整整两年的济南监狱,潜回了老家沛县。次年,清军抄没了阎家,其妻妾双双自杀,阎尔梅携幼子逃往河南,从此开始了长达十八年的颠沛流离的漂泊生涯。

关于阎尔梅这个十八年的飘零生活,史书没有详细的记载,他靠什么生活?这似乎都成为一个谜。然而,我们可以从一些零星的记载中看到他那乖戾的性格和不屈的一面。

直到康熙六年,流落北京的阎尔梅才与同样流亡北京的顾炎武相遇,这对江南士子的伟大晤面,他们的灵魂在同一信仰中得以重合,他们的人格在一片降幡和歌舞之中独立特行。

康熙元年,阎尔梅见到了一直心亏而蛰居故里的钱牧斋,尽管钱牧斋有红袖添香,有绝代佳人催发其诗兴,然而在阎尔梅"大节当年轻错过,闲中提起不胜悲"的指陈之下,钱牧斋亦只有羞赧而已:"古古善骂人,当世无所推许。"正因为阎尔梅心底的坦荡,才敢于直陈当时的大诗豪。

作为明代知识分子,能够矢志不移,不受任何

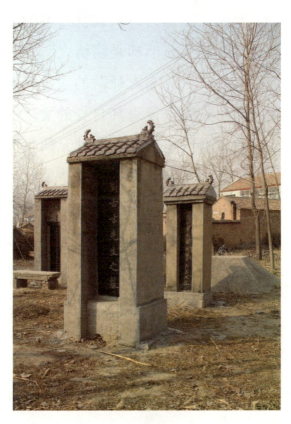

阎尔梅之墓

压力的驱使,始终如一者是凤毛麟角的。任何时代的知识分子,能够顶得住生与死考验者,就不同凡响了。然而,能够再顶得住高官厚禄、花翎顶戴,抑或恩情和相知的诱惑者,更是万里挑一了。那些在前朝并未入仕者,更是觅机会过一回官瘾。而阎尔梅却是个在前朝未得一官半职的白衣举人,然而,他绝不受昔日亲朋好友的劝诱,出仕新朝。

据说清廷巡抚赵福星、吏部尚书陈名夏都想举荐阎尔梅入仕清廷,均被其断然回绝。在阎尔梅身上体现了一个刚直不阿知识分子的人格力量,他既能够具备"士可杀而不可辱"的刚毅,又能够葆有"落落生平耻受恩,甘为寡合住秋村"的坚韧。真可谓大道大德者。

或许阎尔梅的诗歌成就并不高,能够载入史册的也许不多,然而他的高风亮节却是明清之际知识分子鲜见的楷模,他那"不为王侯生,甘为布衣死"的人生箴言是烛照知识分子灵魂的火炬,是促人猛省,反思其自身的文化批判意识何在的铜镜。

阎尔梅所留下来的诗歌无须我们从艺术和技巧的层面来观赏,而我们需要的是从这些诗歌中寻觅到一个真正的知识分子的灵魂和人格气魄,找到一个不屈的面影。就其两句"死将为厉鬼,生且做顽民"就足够我们享用一辈子了。

康熙十八年冬,享年 77 岁的阎尔梅与世长辞。

据《沛县志》载:"先生弥留之际,嘱家人逝后按明俗筑方坟葬之,以示死不降清。"

医圣隐士——傅山

傅山，明清之际思想家、书法家。初名鼎臣，字青竹，改字青主，又有真山、浊翁、石人等别名，汉族，山西太原人。明诸生。明亡为道士，隐居土室养母。康熙中举鸿博，屡辞不得免，至京，称老病，不试而归。顾炎武极服其志节。于学无所不通，经史之外，兼通先秦诸子，又长于书画医学。著有《霜红龛集》等。

在一些武侠小说里，傅山被描写为武侠高手。他是著名的学者，哲学、医学、儒学、佛学、诗歌、书法、绘画、金石、武术、考据等无所不通。他被认为是明末清初保持民族气节的典范人物。傅青主与顾炎武、黄宗羲、王夫之、李颙、颜元一起被梁启超称为"清初六大师"。著有《傅青主女科》《傅青主男科》

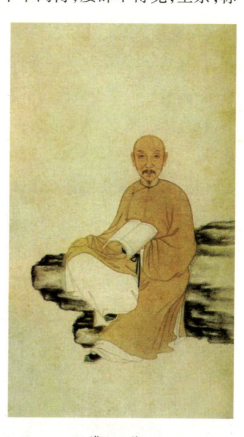

傅山画像

等传世之作,在当时有"医圣"之名。

联宦一生

傅山世出官宦书香之家,家学渊源,先祖连续七八代有治诸子或《左传》、《汉书》,卓然成家者。曾祖傅朝宣曾为宁化府仪宾、承务郎,祖父傅霖累官山东参议、辽海兵备,颇有政绩,其父傅子谟终生不仕,精于治学。

傅山少时,受到严格的家庭教育,博闻强记,读书数遍,即能背诵。15岁补博士弟子员,后就读于三立书院,受到山西提学袁继咸的指导和教诲,是袁氏颇为青睐的弟子之一。

袁继咸,是明末海内咸知的耿直之臣,提学山西时,以"立法严而用意宽"的精神宗旨,整顿三立书院学风,不拘一格,选拔人才。他极重于文章、气节的教育,对傅山影响颇深,傅山亦以学业精湛、重节气得意于袁氏门下。袁继咸曾在朝为兵部侍郎,因为官清廉,为人耿直,敢于直言,得罪权贵魏忠贤之流,被贬为山西提学。

1636年,魏忠贤死党山西巡按御史张孙振,捏造罪名诬告袁继咸,陷其京师狱中,傅山为袁鸣不平,与薛宗周等联络生员百余名,联名上疏,步行赴京为袁诉冤请愿。他领众生员在京城北京四处印发揭帖,申明真相,并两次出堂作证。经过长达七八个月的斗争,方使袁继咸冤案得以昭雪,官复武昌道。

袁继咸得雪之日,魏忠贤的走卒——张孙振,亦以诬陷罪受到谪戍的惩罚。这次斗争的胜利,震动全国,傅山得到了崇高的荣誉和赞扬,名扬京师乃至全国。袁案结束后,傅山返回太原。他无意官场仕途,寻城西北一所寺庙,辟为书斋,悉心博览群书,除

经、子、史、集外,甚至连佛经、道经都精心览读,掌握了丰富的知识。1643年,傅山受聘于三立书院讲学。

李自成起义军进发太原,傅山奉陪老母辗转于平定嘉山。不久,起义军、清军先后攻占北京,明亡。傅山闻讯写下"哭国书难著,依亲命苟逃"的悲痛诗句。为表示对清廷剃发的反抗,他拜寿阳五峰山道士郭静中为师,出家为道,道号"真山"。因身着红色道袍,遂自号"朱衣道人",别号"石道人"。朱衣者,朱姓之衣,暗含对亡明的怀念;石道者,如石之坚,意示决不向清朝屈服。可见,傅山出家并非出自本心,而是借此作为自己忠君爱国、抗清复明的寄托和掩护。

清军入关建都北京之初,全国抗清之潮此伏彼起,气势颇高,傅山渴望南明王朝日益强大,早日北上驱逐清王朝匡复明室,并积极同桂王派来山西的总兵官宋谦联系,密谋策划,积蓄力量,初定于1654年从河南武安五汲镇起义,向北发展势力。然而,机事不密,宋谦潜往武安不久,即被清军捕获,并供出了傅山。

于是傅山被捕,关押太原府监狱。羁拘期间,傅山矢口否认

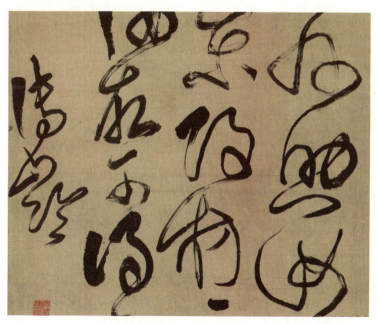

傅山草书

与宋谦政治上的关系，即便是严刑逼供，也只说宋曾求他医病，遭到拒绝，遂怀恨在心。一年之后，清廷不得傅山口供，遂以"傅山的确诬报，相应释宥"的判语，将他释放。

傅山出狱后，反清之心不改。大约在顺治十四至十六年间，曾南下江淮察看了解反清形势。当确感清室日趋巩固，复明无望时，遂返回太原，隐居于城郊僻壤，自谓侨公，那些"松乔"、"侨黄"的别号就取之于此后，寓意明亡之后，自己已无国无家，只是到处做客罢了。他的"太原人作太原侨"的诗句，正是这种痛苦心情的写照。

1663 年，参加南明政权的昆山顾炎武寻访英雄豪杰，来太原找到傅山，两人抗清志趣相投，结为同志，自此过从甚密。他们商定组织票号，作为反清的经济机构。以后傅山又先后与申涵光、孙奇逢、李因笃、屈大筠以及王显祚、阎若璩等坚持反清立场的名人和学者，多有交往。尤其是曾在山东领导起义的阎尔梅也来太原与傅山会晤，并与傅山结为"岁寒之盟"。王显祚见傅山常住土窑，特为他买了一所房院，即今太原傅家巷四号院。

清初，为了笼络人心，泯除亡明遗老们的反清意识，康熙帝在清政府日益巩固的康熙十七年颁诏天下，令三品以上官员推荐"学行兼优、文词卓越之人"，"朕将亲试录用"。给事中李宗孔、刘沛先推荐傅山应博学宏词试。傅山称病推辞，阳曲知县戴梦熊奉命促驾，强行将傅山招往北京。至北京后，傅山继续称病，卧床不起。

清廷宰相冯溥并一干满汉大员隆重礼遇，多次拜望诱劝，傅山靠坐床头淡然处之。他既以病而拒绝参加考试，又在皇帝恩准免试、授封"内阁中书"之职时仍不叩头谢恩。康熙皇帝面对傅山

如此之举并不恼怒，反而表示要"优礼处士"，诏令"傅山文学素著，念其年迈，特授内阁中书，着地方官存问。"

傅山由京返并后，地方诸官闻讯都去拜望，并以内阁中书称呼。对此，傅山低头闭目不语不应，泰然处之。阳曲知县戴氏奉命在他家门首悬挂"凤阁蒲轮"的额匾，傅山凛然拒绝，毫不客气。他仍自称为民，避居乡间，同官府若水火，表现了自己"尚志高风，介然如石"的品格和气节。

在学术和学术思想上，傅山的学问文章，都追随当时的进步思潮，尤其是前半生明朝末亡之时，他的思想带有强烈的进步倾向，不重视当时学者重理学的倾向。他赞扬具有革命新精神，被明朝统治者视作洪水猛兽的李贽学术思想和刘辰翁、杨慎、钟星等节高和寡之士的文风。对明末的政治腐败，官场龌龊，是有清醒的认识。

清军入关明王朝灭亡后，傅山一反清初一般学者以经学为中心的研究范围，而是独辟研究子学的途径，冲破宋明以来重理的羁绊，开拓了新的学术研究领域，成为清之后研究诸子的开山鼻祖。至于傅山的诗赋，则是继承了屈原、杜甫以来的爱国主义传统，他主张诗文应该"生于气节"，以是否有利于国家和民族为衡量标准。傅山一生著述颇丰，可惜所著宏论，大都散失，只存书名和篇名，留存

傅山塑像

于世的仅《霜红龛集》和《两汉人名韵》两部。

在诗、文、书、画诸方面，傅山皆善学妙用，造诣颇深。其知识领域之广、成就之大，在清初诸儒中，无出其右者。傅山的书法被时人尊为"清初第一写家"。他书出颜真卿，并总结出"宁拙毋巧，宁丑毋媚，宁支离毋轻滑，于直率毋安排"的经验。他的画也达到了很高的艺术境界，所画山水、梅、兰、竹等，均精妙，被列入逸品之列。《画征录》就说："傅青主画山水，皴擦不多，丘壑磊珂，以骨胜，墨竹也有气。"他的字画均渗透自己品格孤高和崇高的气节，流溢着爱国主义的气息，在中国古典书画艺术中，博得后人的高度赞赏。

傅山在医学上，也有着巨大的成就。他内科、妇科、儿科、外科，科科均有很高的技术，而尤以妇科为最。其医著《傅氏女科》、《青囊秘诀》，至今流传于世，造福于人。傅山极重医德，对待病人不讲贫富，一视同仁，在相同情况下，则优先贫人。对于那些前来求医的阔佬或名声不好的官吏，则婉词谢绝。对此他解释为："好人害好病，自有好医与好药，高爽者不能治；胡人害胡病，自有胡医与胡药，正经者不能治。"

傅山纪念馆

傅山作为封建社会中的知识分子，一生中处处表现了坚忍不拔的战斗精神。

历史的天空

中国历代隐士

他那种"富贵不能淫，贫贱不能移，威武不能屈"的品格和气节，毫不愧对"志士仁人"的评价。

1684年初，傅山的爱子傅眉忽逝，年逾古稀进入风烛残年的傅山悲痛异常，再也经受不得如此打击，不久则撒手人寰，与世长辞，时年77岁。

隐居生活

明亡后，傅山衣红衣，居山寺，改号朱衣道人，从事着反清复明的秘密活动。公元1654年，傅山因南明总兵宋谦在晋豫边界起事反清，事败下狱，成"谋逆钦犯"，虽遭严刑，却坚贞不屈，曾绝食九日，濒临死亡，后经营救获释，此案曾轰动一时，被称作"朱衣道人案"。1657年，顾炎武因江南已无法容身，"浩然有山东之行"，应傅山之邀，千山独步，天马行地，来到了太原。

1659年，郑成功克镇江，袭南京，张煌言攻安徽，江南反清形势似转机，傅山闻讯后，急忙南下，既至南京，郑张已败走，他只好带着又一次地扫兴回到太原，其后一直隐居于晋祠云陶洞。他曾作《宿云陶》诗：雾柳霾花老眼憎，云陶稳睡拔鸡鸣；晋祠三日无吟兴，只忆观澜智勇生。

隐居期间，他吟诗作画，潜心著述，并与顾炎武、阎若璩、阎尔梅、朱彝尊等学人考证晋祠，感怀晋史。傅山待友必煮茶，故有人也将云陶洞称作茶烟洞，"石室茶烟"是晋祠内八景之一。景宜园距云陶洞数步之遥，园内"杂树交荫，希见曦影"，此地为傅山饮茶品茗处。

其间，傅山先生在此还留有许多书法作品，其中嵌于朝阳洞石阶下周柏旁壁间的"晋源之柏第一章"最为要紧，其字行楷中揉魏碑，舒缓里见矫捷，遒劲得力，练达通脱，一看便知是高逸出世、遗身物外之作，难怪能被阎若璩誉为晋祠三绝之一。

难老泉亭内的"难老"匾、圣母殿廊下的"永锡难老"匾均为名题。嵌于文昌宫墙壁上的《文昌帝阴骘文》也出自他的手笔，全文446字，小楷写就，直师钟繇，工整不苟，玉润珠圆，是其罕有的小楷作品。

另外，景宜园楹联"茶七碗，酒千盅，醉来踏破瑶阶月；柳三眠，花一梦，兴到倾倒碧玉觞"、同乐亭楹联"万竿逸气争栖凤；一夜凌云见箨龙"，"梧桐月白杯中照；杨柳风来画上川"，也均为傅山所书。云陶洞楹联"日上山红，赤县灵真三剑动；月来水白，真人心印一珠明"之上联中的"日"与下联中的"月"合璧为明字，"珠明"则暗指朱明。

傅山对晋祠的影响不仅仅在于书法、著述，更在于对晋祠操守的提升、品格的趋高。"倚南窗以寄傲，审容膝之易安"的云陶洞紧邻朝阳洞，占据着晋祠云至高。俯瞰全园，了然一目，远眺田畴，隐约可见。除去一年一度庙会里的纷杂熙攘，除去平日偶有挚友造访，这里少有游人光顾。园日涉成趣，门虽设而常关。

当石磴上青苔侵阶、隙间拱草，秋树下的扫叶人又把一季的春华挈走时，傅山先生慨叹感怀之余，却未倦慵喑然，诗作愈发激昂高亢，著述愈发精邃深湛，书法愈发奕奕神采，意志愈发贞固刚毅。他不是"静念园林好，人间良可辞"的隐逸者，也非"中岁颇好道，晚家南山陲"的削迹仙。

论及晋祠的操守、品格，岂有不言傅山傅青主者也！

昆山隐士——归庄

归庄，明末清初书画家、文学家。一名祚明，字尔礼，又字玄恭，号恒轩，又自号归藏、归来乎、悬弓、园公、鏖鏖钜山人、逸群公子等，昆山人。明代散文家归有光曾孙，书画篆刻家归昌世季子，明末诸生，与顾炎武相友善，有"归奇顾怪"之称，顺治二年在昆山起兵抗清，事败亡命，善草书、画竹，文章胎息深厚，诗多奇气。

明文第一

归庄的诗文，以反对清朝统治、富有民族气节之作为主体。诗有质朴明畅、直抒胸臆的，如《古意十二首》《卜居十四首》《己丑元日四首》《观田家收获三首》等；有工整绵丽的，如《落花诗十二章》《落花诗又四首》。吴伟业评其

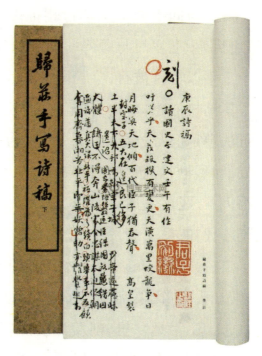

归庄手稿

《落花诗十二章》说："流丽深雅,得寄托之旨,备体物之致。

散文亦酣畅雄恣,有强烈的感情,《送顾宁人北游序》《书先太仆全集后》《书欧阳公泷冈阡表后》《敬亭山房记》《归氏二烈妇传》《两顾君大鸿、仲熊传》《杨忠烈公传》《书义盗事》等可为代表。

归庄还有一篇《万古愁曲》,评论历代史事,悲痛明朝灭亡,斥责明朝官吏的误国,抒写自己隐居不仕的志向,极嬉笑怒骂的能事,也很著名。

归庄出身书香门第,祖父为隆庆时南京大理寺丞、后人赞其散文为"明文第一"的归有光。父亲归昌世,为昆山三才子之一,书法晋唐,善草书,兼工印篆,擅画兰竹。归庄自幼受诗书熏陶,为诸生时,即博览群书,下笔数千言不止,工诗文散曲,擅画竹石,尤精于书法,狂草功力更深,时人以为绝伦。

归庄与同里顾炎武学行相推许,俱不谐于俗,时有"归奇顾怪"之目。十七岁时与顾绛一同参加复社,后又参加惊隐诗社。崇祯十三年以特榜被召,鉴于国事日非,辞不赴。

其兄归尔德,名昭,官至同知,贤明有政声。归昭勤王时,参史可法幕府,弘光元年四月,扬州为清军所陷,尔德于西门浴血奋战,壮烈牺牲。叔继登,亦在长兴遇害。归庄闻耗,不辞险阻,赴汤蹈火,往收两人遗骨而归。清兵又攻江南,昆山知县出走,县丞阎茂才代知县,下剃发令,士民大哗。

归庄鼓动群众杀阎茂才,闭城拒守,七月城破,死者四万余人,嫂陆氏、张氏俱殉节,其父亦相继卒。归庄被指名搜捕,亡命他乡,未几,潜返乡里,削发为僧,称普明头陀。后来顾绛改名"炎武",归庄则改名"祚明",以示志向。

顺治九年，应万年少之聘，到淮阴任教，暗中与顾炎武联系谋抗清。次年归庄"泣血负土"，归葬三世七人于新地，另有仲兄尔德随史可法战死扬州，尸骨无存，为其立衣冠冢。又筑茅庐于墓侧居处，自题一联于堂上："两口居安乐之窝，妻太聪明夫太怪；四邻接幽冥之宅，人何寥落鬼何多。"他家茅庐柴门破烂不能掩闭，椅子缺腿少面以绳纬索，却又自撰归庄居室联，云：入其室，空空如也；问其人，嚣嚣然曰。

归庄在乱世中的唯一慰藉是有一位知心的妻子，感情甚笃。他曾把内室署名为"推仔楼"，人不解其意，问之，答云："才子佳人合抱也。归庄为了表示和新朝划清界限，甚至将自己的居所命名为"己斋"，以示抗拒。"己斋"乃是"己之斋也"，亦即是"我之所居"的意思。归庄指这样命名自己的居所，是"不得已而寓其意"，与何晏于魏宫之中，画地自处，命名为"何氏之庐"，以区别于外面非何氏之土的用意一样。

归庄像

昆山隐居

万年少死后，归庄回昆山隐居，卖书画为生，拒不仕清，野服终身。后遭母丧，继而长子外出谋生，不知所终。"其秋传凶问，不详地与日"，遂愈癫狂，每日"纵酒狂歌，长篇短咏，挥洒淋漓"，往来湖山，谈忠义者以庄为归。

晚年寄食僧舍，非素交虽

厚不纳。好友顾炎武此时远游北方、奔走王事，归庄每念及故友，不胜唏嘘，写信言道："昔柳子厚之窜于南方，怀其祖先不若马医畦之鬼，无享岁时之祭，君独无邱墓之思乎？"然参商两地，两人终未再见一面。

归庄晚年致力于汇刻曾祖《归有光全集》，康熙十二年未竟而卒，卒年六十一。

归庄在逝世那年的元旦，作了一首诗，诗说：常年元日五更兴，多病衰翁兹未能。名姓不劳通邑里，豆觞并免召亲朋。山头爆竹豪家事，天上风云稔岁徵。甲子重逢怀感叹，平生壮志竟何凭？"用"甲子"纪年，不用清朝的年号，亦了却了归庄作为明遗民的心愿。

顾炎武在山东章丘获知归庄死讯，特在桑家庄设坛致祭，写下《哭归高士》诗四首悲悼。后人在诠释"归奇顾怪"时说："先生顾炎武北游后已不复怪，庄虽里居而晚节益奇。"

归庄图

书法隐士——邓石如

邓石如,清代大书法家。汉族,安徽怀宁人。清代篆刻家、书法家,邓派创始人。初名琰,字石如,避嘉庆帝讳,遂以字行,后更字顽伯,因居皖公山下,又号完白山人、笈游道人、凤水渔长、龙山樵长,少好篆刻,客居金陵梅镠家八年,尽摹所藏秦汉以来金石善本。遂工四体书,尤长于篆书,以秦李斯、唐李阳冰为宗,稍参隶意,称为神品。性廉介,遍游名山水,以书刻自给。有《完白山人篆刻偶存》。

艺术生涯

邓石如9岁随父读书,10岁便辍学,14岁"以贫故,不能从学,逐村童采樵、贩饼饵,负之转鬻"。然在其祖父和父亲的影响下,对书法、金石、诗文发生了深厚的兴趣,并有长足进步。17岁时,为"潇洒老人"作《雪浪斋铭并序》篆书,即博时人好评。自此,便踏上书刻艺术之路。20岁在家乡设馆,任童子师,不耐学生"憨跳"而舍去,随父去寿州教蒙馆,21岁因丧妻辞馆,外游书刻,以缓悲痛。

1774年，他32岁时，复至寿州教书，并常为寿春循理书院诸生刻印和以小篆书写扇面。深得书院主讲梁献赏识，遂推荐他到金陵举人梅谬家学习。梅家既是宋以来的望族，又是清康熙御赐翰墨珍品最多的家族，家藏"秘府异珍"和秦汉以后历代许多金石善本。

　　石如纵观博览，悉心研习，苦下其功。在梅家8年，前五年专攻篆书，后3年学汉分。他40岁时，离开梅家，遍游各处名胜，临摹了大量的古人碑碣，锤炼了自己的书刻艺术，终于产生了"篆隶真行草"各体皆备、自成一家的大量作品。

　　乾隆四十七年，他游黄山至歙县，结识了徽派著名金石学家方君任和溪南经学家程瑶田，及翰林院修撰、精于篆籀之学的金榜。后经梅谬和金榜举荐，又结识了户部尚书曹文埴。

　　乾隆五十五年秋，弘历八十寿辰，曹文植入都祝寿，要邓石如同去，石如不肯和文埴的舆从大队同行，而戴草帽，穿芒鞋，骑毛驴独往。至北京，其字为书法家刘文清、鉴赏家陆锡熊所见，大为惊异，评论说："千数百年无此作矣。"后遭内阁学士翁方纲为代表的书家的排挤，被迫"顿踬出都"。乾隆五十六年，在两湖总督毕沅处做了3年幕僚。张惠言、包世臣都曾向他学习书法。

　　邓石如家中养两只鹤。据说，这两只鹤的年龄至少有130岁。一日，雌鹤死去了，仅隔十几天后，邓石如的发妻沈氏也相继去世。这种巧合，在当时的文人当中产生了很多联想。

　　59岁的邓石如伤心至极，雄鹤也孤鸣不已，与他相依为命。因不忍再看孤鹤悲戚的样子，邓石如于是择地三十里外的集贤关佛寺，将鹤寄养僧舍中。

　　从此，他担粮饲鹤，三十里往返，每月坚持不懈。忽然，又一

日，正在扬州大明寺小住的他得到传报，雄鹤被安庆知府看中，抓回了府中。他即刻启程赶回安庆，用行书写下了《陈寄鹤书》向知府陈情上书索鹤。

这篇文章写得哀婉动人，催人泪下，气势排山倒海，文辞如云幻天，以极尽排比、拟人等修辞手法历数得鹤、寄鹤悲欣往事。为了这只鹤，他可以将生死置之度外，正如书中所写"大人之力可移山，则山民化鹤、鹤化山民所不辞也。"知府接书，无言以答，不日将鹤送还佛寺。

乾隆五十九年他52岁时，由武昌回故里，买田40亩，翌年建屋一栋，并亲书匾额"铁砚山房"置于门首。常将书刻售资救济乡人，贫不能葬者，都尽力资助。以后的10年，他的书刻艺术越臻化境，他不顾年迈，常游于京口、南京、扬州、常州、苏州、杭州等地。

临终前一年，还登泰山，会晤友人，切磋技艺。60岁时，他游京口，结识包世臣，授书三年，并以书法要诀示曰："疏处可以走马，密处不使透风，常计白以当黑，奇趣乃出。"包以其

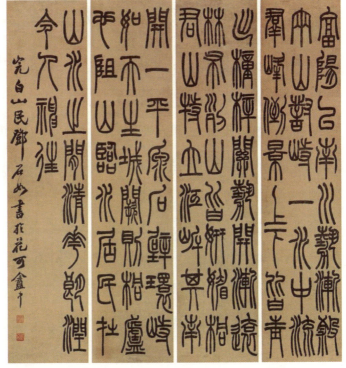

邓石如书法

法验六朝之书都全符合。他63岁临终这一年，仍收录门生程蘅衫，为篆书《张子西铭》。这年，得知泾县有八块碑需以大篆、小篆、分书、行楷各体书写，慨然应邀，仅书一碑因病而归，阴历10月卒于家。

邓石如为清代碑学书家巨擘，擅长四体书。其篆书初学李斯、李阳冰，后学《禅国山碑》《三公山碑》《天发神谶碑》石鼓文以及彝器款识、汉碑额等。他以隶法作篆，突破了千年来玉箸篆的樊篱，为清代篆书开辟了一个新天地。他的篆书纵横捭阖，字体微方，接近秦汉瓦当和汉碑额。隶书是从汉碑中出来，结体紧密，貌丰骨劲，大气磅礴，也使清代隶书面目为之一新。楷书取法六朝碑版，兼取欧阳询父子体势，笔法斩钉截铁，结字紧密，得踔厉风发之势。行草书主要吸收晋、唐草法，笔法迟涩而飘逸。大字草书气象开阔，意境苍茫。总观其四体书法，以篆书成就最大，楷、行、草次之。

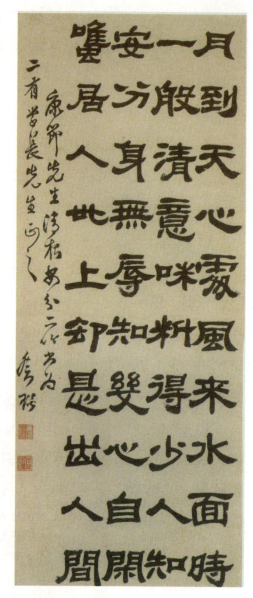

邓石如隶书

邓石如又是篆刻家，开创皖派中的邓派。他以小篆入印，强调笔意，风格雄浑古朴、刚健婀娜，书法篆刻相辅相成。邓石如的印章有着"疏处可以跑马，密处不使透风"的特色。

时人对邓石如的书艺评价极高，称之"四体皆精，国朝第一"，他的书法以篆隶最为出类拔萃，而篆书成就在于小篆。他的小篆以斯、冰为师，结体略长，却富有创造性地将隶书笔法糅合其中，大胆地用长锋软毫，提按起伏，大大丰富了篆书的用笔，特别是晚年的篆书，线条圆涩厚重，雄浑苍茫，臻于化境，开创了清人篆书的典型，对篆书一艺的发展作出了不朽贡献。

他的隶书则从长期在汉碑的实践中获益甚多，能以篆意写隶，又佐以魏碑的气力，其风格自然独树一帜。楷书并没有从唐楷入手，而是追本溯源，直接取法魏碑，多用方笔，笔画使转蕴涵隶意，结体不以横轻竖重、左低右高取妍媚的方法而求平正，古茂浑朴，与时俗馆阁体格格不入，表现出勇于探索的精神。

民间奇人

邓石如身材高大，胸前飘一绺长长的美髯，遇人落落，性格耿介，无所合，无款曲，无媚骨，无俗气，称得上顶天立地的一个伟男子。因为其祖辈出身寒微，枯老穷庐，他的一生更备尝人间的酸甜苦辣，过着"采樵贩饼饵，日以其赢以自给"的生活。他以"山人"自居，于荒江老屋中高卧，把"功名"二字都忘记了。

在他生活的时代，是历史上堪称盛世的"乾嘉时代"。他来到这个世界时，政局早已稳定，天下亦早已被爱新觉罗氏那双射雕射虎的手抚摩得比较熨帖了。生活随着时间的河流，日复一日地平静地流去。他戴草笠，着芒履，策毛驴，浪迹天下名山大川，有如云水之间孤独的浮鸥。

他的好友师荔扉曾经送他这样两句诗："难得襟怀同雪净，也知富贵等浮云。"看淡了浮华、浮夸、浮名，也就与浮躁相去甚远。"忍把浮名，换了浅斟低唱"，柳永那种怀才不遇的牢骚他没有；"患名之不立，患年之不长"，贾逵的雄心进取他缺乏；"名飞日月上，义与风云翔"，李白的济世大志他也不具备。他只是归于淡，把世间万物都看得淡了，淡到自甘寂寞，远离红尘。可是，他又真正地热爱着书法，一天也舍不得丢弃。每日清晨，他研一盘满满的墨水，就着净几挥洒，必待墨水用干了才上床休息。

在邓石如的人生里，除了出身寒微，饱受生活的煎熬以外，还得把功名利禄置于脑后而全身心地投入艺术的艰苦锤炼中。他不怕板凳一坐十年冷。

当年，他为湖广总督毕沅的幕友时，"与人论道艺，所持侃凿，丝毫不肯假借，布衣棕笠，贵客公卿间，岸然无所诎也。"俨然一种平民艺术家的本色。但是，"日见群蚁趋膻，阿谀而佞，此今之所谓时宜，亦今之所谓捷径也。得大佳处，大抵要如此面孔。而谓琰能之乎？日与此辈为伍，郁郁殊甚。"

他看不惯官场的群蚁趋膻，也不愿阿谀权贵。那么，虽为幕友，却也是落落寡合的——他不适合那个生态环境。于是，他拂袖而去，返回民间，适者自适，从此一生六十余年再也没有混迹于官场。

邓石如不愿媚俗取巧的顽固，说得斯文与时髦一点，是不是他正有着平常文人欠缺的所谓"平民意识"或"民间情结"？邓石如原名琰，字石如，自号顽伯、完白山人、完白山民、龙山樵长、凤水渔长等。以石自比，以顽石自况，一个山野之人的特立独行，飘然如在眼前。

说到邓石如的为人，与他同时代的人评价甚高。有说"高尚"、有说"高洁"。这里只说两件事。第一件，邓石如初入都，当时的人都以内阁学士翁方纲为书法的宗师，翁亦骄横一时，而邓石如"独不谒"。

盛气凌人的翁方纲极度贬抑邓石如的书法，而邓石如一笑置之，"不与校也"。另一件事，也许可以见出邓石如的高洁了。邓石如常居集贤关，得一鹤，精心喂养后蓄于僧院中，他陪它散步，它伴他读书，"朝朝两件闲功课"。

不料，某太守见而爱之，携鹤而去。邓石如极是不平，写了一封措辞严厉的信索还。从此，与鹤为伴，晨昏无间。邓石如死时，那鹤发出尖厉的唳声，哀鸣数日后，打了一个旋儿，消失在大漠青空之中，羽化而去。

一袭布衣，仰视苍天，有所牵挂而来，无所牵挂而去；既知万物有灵，更轻身外之物；"你自归家我自归"——人鹤两化，只留下一段聚散情义

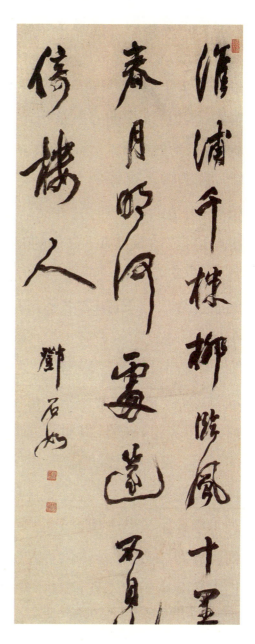

邓石如草书

于古今。

他的好友、桐城派散文大家姚鼐曾给他写过这样一副对联：茅屋八九间钓雨耕烟须信富不如贫贵不如贱；竹书千万字灌花酿酒益知安自宜乐闲自宜清。

不慕富贵而自然隽永，不闹情绪而旷达平和。钓雨耕烟，灌花酿酒的人生，洗去的是庸脂俗粉，尘泥污垢，浸润出来的却是经史子集里的书卷气质和一身的仙风道骨。于人，互为表里，安身立命，也可以"随心所欲不逾矩"了。人生一达这种境界，艺术的深沉和久远便应运而生。

作为震古烁今的书法大家，与他同时代的包世臣在《艺舟双楫》中把他的书法列为"神品"，誉为"四体书皆国朝第一"。书法史上以"我自成我书"自负的"浓墨宰相"刘墉，当时见到邓石如的字，拍案惊呼道："千数百年无此作矣！"连眼界很高，学富五车的康有为，对邓石如之书不仅高度评价，还把他作为划时代的一个标志。

平心而论，卑唐贬晋，失之公允，而对邓石如的评价则言之成理。清代篆隶书的革新和碑学的兴起，开拓出传统书法的新生面，这个盖世功勋是由邓石如悄悄地在山野之中建立起来的。

邓之篆书结体的灵动，用笔的自然，打破了自李阳冰以来僵化的传统格局，难怪他这样自负："何处让冰斯？"

邓石如在书法理论上也颇多创见。"计白当黑"之论把"笔不到而意到"的道理具体化了。"疏处可以走马，密处不使透风"，则把虚实对比的艺术理论阐释得明白如话。

隐中之隐——介子推

辞官隐居

介子推,春秋时人,是"春秋五霸"之一的晋文公重耳早年的辅佐者。

据《韩诗外传》,有一年逃到卫国,一个叫做头须的随从偷光了重耳的资粮,逃入深山。重耳无粮,饥饿难当向田夫乞讨,可不但没要来饭,反被农夫们用土块当成饭戏弄了一番。后来重耳都快饿晕过去了,为了让重耳活命,介子推到山沟里,把腿上的肉割了一块,与采摘来的野菜同煮成汤给重耳。

当重耳吃后知道是介子推腿上的肉时,重耳大受感动,声称有朝一日做了君王,要好好报答介子推。在重耳落难之时,介子推能如此肝脑涂地,忠心耿耿,实属难能可贵。重耳风光了之后,有功之臣纷纷讨赏,介子推鄙夷狐偃等人追逐荣华富贵的做法,自己羞于这样做,便带着母亲隐居绵山。重耳这人也实在是不仗义,还真就把他给忘了。

于是,介子推的从人便愤愤不平,做了"龙蛇之歌"讽谏,内容是:"有龙于飞,周遍天下。五蛇从之,为之丞辅,龙反其乡,得其处所,四蛇从之,得其露雨,一蛇羞之,桥死于中野"。这龙蛇之歌最终传到了晋文公重耳那里,他便派人多方寻找,要封赏介子推。

晋文公便亲带广众人马前往绵山寻访。谁知那绵山蜿蜒数十里,重峦叠嶂,谷深林密,竟无法可寻。晋文公求人心切,就下令三面烧山。没料到大火烧了三天,介子推的影子也没见。晋文公叫人在山前山后放火,周围绵延数里,火势三日才熄,介子推终究没有出来。后来有人在一棵枯柳树下发现了母子的尸骨,晋文公悲痛万分,将一段烧焦的柳木,带回宫中做了一双木屐,每天望着它叹道:"悲哉足下。"此后,"足下"成为下级对上级或同辈之间相互尊敬的称呼,据说就是来源于此。

晋文公又命人葬介之推于绵山,秦二世时迁葬于故里裴介村。并改绵山为介山,以警戒自己的过错。将一山岗定为介子推名义上的封地——介公岭,将介子推母子隐居的岩洞改建成介公祠,并立"介庙"于绵山脚下柏沟村南的柏树林之中,又命将定阳县改名为介休县。

为了纪念介子推,晋文公下令每年的这一天,禁止生火,家家户户只能吃生冷的食物,这就是寒食节的来源。寒食节是在清明节的前一天,古人常把寒食节的活动延续到清明,久而久之,人们便将寒食与清明合而为一。

隐士之解

介子推身上存在的,更多的既不是从政心态,也不是弃世心态,而是两者之间的矛盾结合体,是一种隐士情怀,而最终这种隐士情怀,害了他的命。介子推对文公重耳做出过很大的奉献,但未必是真舍得自己的肉。其实这也不用过多论证,一方面,野

介子推塑像

外医疗条件那么差，割块肉下来还能活下去已属无稽之谈，何况不但能活还能跟着走，十九年的逃亡生活能够一直跟随下来，想来不是一个腿上缺块肉的人能做到的。

不过，一个落魄的公子，统共剩五个跟班的，其中就有介子推一个，单凭把宝押到逃亡者身上这份执着，就很值得肯定，功劳当然是有的。这份功劳，也很值得在这个"宝"真正发光的时候沾点光，这也正是一部分"贤士"们押宝的初衷所在。当时，晋献公嬖幸骊姬，杀申生，昏于家，乱于国，而重耳则成为振兴晋国的希望，这个"宝"是一个风险投资。敢于把"宝"押在长线风险投资上，是明眼人、隐士常用的手法。

介子推这个人还算很厚道，共患难而不共享受，但他的隐士情怀或多或少让他留下点尾巴。明摆着心理上既想逐政又想清高，想为政者之表率，又不能为政者所容，欲居庙堂之高又恐人言其贪功，欲处江湖之远又恐人不知其名。不过比大多数隐士厚道得多，介子推想要位置的欲望，倒退居求清名之次。

介子推终生追求的，其实只是一个贤臣的清名，这是一个隐士不彻底的退隐心。

图书在版编目（CIP）数据

中国历代隐士 / 王晶编著. -- 长春：吉林出版集
团股份有限公司，2014.10
　（历史的天空 / 张帆主编）
　ISBN 978-7-5534-5671-3

　Ⅰ. ①中… Ⅱ. ①王… Ⅲ. ①历史人物－生平事迹－
中国－少儿读物 Ⅳ. ①K82-49

　中国版本图书馆 CIP 数据核字（2014）第 221407 号

历史的天空（彩图版）
中国历代隐士 Zhongguo Lidai Yinshi

作　　者　王　晶
出 版 人　吴　强
责任编辑　陈佩雄
开　　本　710mm×1 000mm　　1/16
字　　数　150 千字
印　　张　10
版　　次　2014 年 10 月第 1 版
印　　次　2023 年 4 月第 4 次印刷
出　　版　吉林出版集团股份有限公司
发　　行　吉林音像出版社有限责任公司
　　　　　吉林北方卡通漫画有限责任公司
地　　址　长春市福祉大路 5788 号
发　　行　0431-81629667
印　　刷　鸿鹄（唐山）印务有限公司
ISBN 978-7-5534-5671-3　　定价：45.00 元